Steine · Gräber · Kultplätze

Horst-Dieter Landeck

Steine · Gräber · Kultplätze

Ein Reisebegleiter zu mystischen Orten
im nördlichen Schleswig-Holstein

**Boyens
Buchverlag**

BOYENS
BUCHVERLAG

ISBN 3-8042-1120-8

2. Auflage 2004

© 2003 by Boyens Medien GmbH & Co. KG, Heide
Gestaltung: Horst-Dieter Landeck
Herstellung und Druck: Boyens Offset, Heide
Printed in Germany

Inhalt

Vorwort

Der Besuch alter Kulturstätten mit ihren geheimnisvollen Kräften kann zu einer Abenteuerreise im eigenen Land werden. Vielleicht sogar zu einer Abenteuerreise zu uns selbst.

Noch immer strahlen die Megalithgräber der Steinzeit, deren Kultur sich vom Mittelmeerraum bis nach Skandinavien ausbreitete, einen mystischen Zauber aus.

Warum haben alte Kirchen so eine geheimnisvolle Ausstrahlung, die es in neuen Kirchen nicht gibt? An der Innenausstattung allein kann es nicht liegen, denn diese geheimnisvolle Kraft geht selbst von der einfachsten und schlichtesten alten Dorfkirche aus. Liegt es daran, dass die meisten Kirchen dieser Gegend, die während der Christianisierung Schleswig-Holsteins im 12. und 13. Jh. gebaut wurden, auf einem antiken Kultplatz stehen?

Die Erbauer dieser sakralen Bauten müssen über ein altes, uns kaum mehr bekanntes Wissen von den Kraftfeldern der Erde verfügt haben. Da die Kirchen auf vorchristlichen Kultplätzen stehen, muss dieses Wissen jedoch älter sein. Hatten die antiken Kultplätze der Bronze- oder gar Steinzeit ebenfalls solche Kraftfelder aufzuweisen und können wir diese heute noch wahrnehmen?

Wenn ich gelegentlich im Rahmen eines meiner Reiki-Seminare so einen alten Kultplatz besuche, bin ich immer wieder überrascht, wie stark die Energien dieser Orte von den Teilnehmern wahrgenommen werden.

Für diesen Reisebegleiter habe ich 20 heilige Orte ausgewählt, auf denen eine frühgeschichtliche Grabanlage erhalten geblieben ist oder eine Kirche, die auf einem ehemals wichtigen vorchristlichen Heiligtum steht. Außerdem lädt die Umgebung zu einer kleinen Wanderung oder Radtour ein.

Zu den einzelnen Plätzen finden Sie in diesem Buch eine Kartenskizze, Beschreibung der Anfahrt und zu einigen Plätzen eine Wander- oder Radtour. Anschließend folgt die Beschreibung des Platzes und meine Wahrnehmung der Energiefelder dieser Orte.

Bitte fassen Sie meine Wahrnehmung nicht als Vorgabe auf, denn jeder Mensch empfindet diese Energien anders. Die Beschreibung meiner Wahrnehmung soll Sie nur ermuntern, Ihre eigenen Erfahrungen mit diesen heiligen Plätzen zu machen.

Einführung

Wo kommen die geheimnisvollen Kräfte der antiken Kulturplätze her? Gibt es sie überhaupt oder ist das alles nur Spinnkram? Wie unterscheiden sich „heilige Orte" von „gewöhnlichen" Plätzen? Was strahlen diese heiligen Plätze unserer Vorfahren aus? Findet vielleicht wirklich an heiligen Plätzen ein verstärkter Energiefluss zwischen Erde und Universum statt, der es den Menschen ermöglicht, mit Göttern, Tieren und der Erde zu sprechen, wie es alte Überlieferungen, Mythen und Sagen berichten?

Geheimnisse und Unerklärbares zu erforschen liegt in der Neugier und dem Forscherdrang des Menschen.

Galilei, der „Vater der Neuen Wissenschaft", forderte: „Alles was messbar ist, messen; alles was nicht messbar ist, messbar machen."

Das kann jedoch nicht bedeuten: Was nicht messbar gemacht werden kann, existiert auch nicht. Wir Menschen als Teil des gesamten Universums werden nie das ganze Universum in seiner Vielschichtigkeit begreifen können. Je mehr wir erforschen, desto mehr Fragen werden sich uns stellen.

Nach Aussagen von Prof. Betz von der Universität München haben Erdstrahlen keine bestimmte geologische Ursache, sondern sind ein Sammelbegriff für ortsabhängige Schwankungen von Radioaktivität, elektromagnetischer Strahlung, Erdmagnetfeld und natürlicher Strahlung aus dem Weltall.

Nach neuesten Forschungen wissen wir heute wieder, was unsere Vorfahren vor Jahrtausenden schon spüren konnten: Wasser hat ein Gedächtnis und speichert Informationen! So verändert sich die Wasserqualität z. B. durch elektrische Impulse, magnetische Felder, eine erhöhte Radioaktivität oder im Quellwasser vorhandene Mineralien. Diese Unterschiede waren seit der Frühgeschichte der Menschheit ausschlaggebend für eine heilige Quelle, von deren Wasser man sich heilende Wirkung versprach.

Diese gespeicherten Wasserinformationen befinden sich auch in den Wasseradern unter den Kultplätzen und beeinflussen dadurch das gesamte Umfeld

Fels und Stein sind das Gedächtnis der Erde. Gesteine bergen präzise Daten über die Entwicklung unseres Planeten, Informationen zu einer Zeitreise zum Beginn des Lebens vor über 200 Mill. Jahren. Diese Informationen sind nicht nur geologisch und chemisch, sondern auch energetisch gespeichert.

Bleibt nur die Frage: Wie erkannten die Menschen vor ein paar tausend Jahren erhöhte Radioaktivität, Mineralien oder Informationsspeicherungen von Wasser und Fels?

Von den Römern wird berichtet, dass es für die Suche nach gutem Trinkwasser für Siedllungen und Städte einen eigenen Berufsstand gab.

Im Altertum und noch bis ins frühe Mittelalter war das Erspüren der Erdenergien für die Menschen etwas ganz Normales. Viele alte Kulturkreise kannten die Orte, an denen ein erhöhter Austausch von Energien stattfinden konnte. So wurden Kultplätze, Opferstätten, Megalithgräber und Versammlungsplätze auf solchen energetischen Kraftorten errichtet. Die Thingplätze der Germanen standen ebenfalls auf solchen Plätzen. Nach dem Glauben der Germanen und Kelten konnte man ihre Götter nicht in Gebäude einsperren. Sie gingen davon aus, dass die Welt der Götter sich nur an bestimmten Orten auf der Erde für die Menschen öffnen würde. Diese Orte nannten sie „nemeton". Solch ein „nemeton" konnte sehr unterschiedlich sein, es konnte ein Hügel, eine Waldlichtung, ein besonders ausgeprägter Baum, eine Insel, eine Quelle, ein Moor oder ein Wald (Hain) sein. Ein heiliger Platz war bei Germanen und Kelten ein Ort, wo die Naturkräfte besonders stark spürbar waren, wo die Menschen Heilung fanden und mit ihren Göttern in Verbindung treten konnten. Diese Orte wurden nie willkürlich bestimmt, sondern wurden erspürt, denn unsere Vorfahren waren davon überzeugt, dass nicht der Mensch, sondern die Götter den Ort bestimmten, an dem ein Austausch zwischen der Menschenwelt und der Welt der Götter stattfinden konnte.

Kelten und Germanen hatten einen besonderen Bezug zur Mutter Erde. Ihre Steinkulte zeugen noch heute von einem tiefen Wissen über Erde und Kosmos. Große Verehrung galt den Göttern der Erde. Die Germanen verglichen ihre Haare mit der Vegetation, ihr Skelett mit den Gebirgen und ihren Blutkreislauf mit den Flüssen und Seen.

Bei der Einführung des Christentums wurden die Kirchen meist auf dem Ort eines alten Heiligtums errichtet. Das Vorhandensein eines vorchristlichen Kultplatzes war bei der Christianisierung des nördlichen Schleswig-Holsteins sogar eine der Voraussetzungen für den Kirchenbau. So sollten die germanischen Götter den alten Kultplatz verlassen. Die neu getauften Christen beteten nun an ihrem angestammten heiligen Ort zum christlichen Gott und konnten nicht mehr heimlich ihre alten Götter aufsuchen. Aber auch den Missionaren waren die Kraftorte der Erde nicht unbekannt, denn wahrscheinlich stehen Taufstein, Altar und Kanzel nicht „zufällig" auf den stärksten Kraftfeldern dieser alten Kultplätze.

Wie können wir aber heute solch einen Kraftort wahrnehmen?
Unsere Haut wirkt wie eine Antenne. Sie kennen vielleicht den Effekt, wenn man eine Radioantenne berührt und ein vorher schwach empfangener Sender dadurch stärker empfangen wird. Das heißt: Wir können diese Signale empfangen, haben aber kein Sinnesorgan, um diese Signale (Wellen) zu verarbeiten. Auch an einem Kraftort empfangen wir Signale, für die wir scheinbar kein Sinnesorgan haben. Wieso konnten die Menschen früher diese Signale erkennen? Hatten die Menschen in der Frühgeschichte und bis ins frühe Mittelalter hinein ein Sinnesorgan, was wir heute nicht mehr haben oder ist unsere sensible Wahrneh-

Steinkammer in Schuby/Kroy bei Schleswig

mung (unser „Empfänger" für diese Art von Signalen) durch Nichtbenutzung nur verkümmert?

Wahrscheinlich trifft letzteres zu. Wir haben teilweise verlernt, auf feine Signale zu achten und in uns hinein zu hören. Es gibt viele Faktoren, die in unserer zivilisierten Welt dazu beitragen, dieses Gespür weitgehend zu verlieren. Unser Leben in den Städten entfremdet uns weitgehend von den feinen Signalen der Natur, auch unser Bildungssystem ist überwiegend auf rationales Lernen ausgerichtet. Schließlich sorgt eine Informationsflut und Reizüberflutung dafür, dass wir die leisen Signale unserer „inneren Stimme" kaum noch hören.

Besonders die Kraftorte mit ihrem verstärkten Austausch von Energien bieten uns die Möglichkeit, wieder leichter unsere „innere Stimme" zu hören und an diesem Austausch teilzuhaben. Vielleicht erfordert es für einige von uns etwas Übung, bis wir eine innere Ruhe erreichen und etwas von diesem Energieaustausch spüren.

Jeder Kraftort hat seine eigene Energie und jeder Mensch empfindet diese Energie auf seine Art. Wenn wir uns an einem Platz nicht wohl fühlen,

kann es sein, dass die Energie für uns zu stark ist oder nicht mit unserer eigenen Schwingung harmoniert. Dann sollten wir diesen Ort vorläufig meiden.

Kraftorte verstärken unsere Fähigkeiten, entwickeln die eigene Sensibilität, aber können uns nicht heilen. Sie können uns jedoch anregen, dass wir uns selbst heilen. Sie können uns helfen, unsere Heilkräfte zu aktivieren und zu verstärken. Das wird uns jedoch nur gelingen, wenn wir der gesamten Natur und besonders den heiligen Orten mit Ehrfurcht und Achtung begegnen.

Wer sich für die Energie öffnet, sollte diese nicht wie touristische Attraktionen abhaken und von einem Ort zum anderen hetzen, sondern sich die Zeit nehmen, jeden Ort auf sich wirken zu lassen. In diesem Sinne kann ein Besuch der heiligen Orte eine spannende Abenteuerreise zu uns selbst werden.

Anreise:

Mit der Bahn: Von Hamburg über Heide und Husum nach Westerland. Von Kiel – mit Umsteigen in Husum – nach Westerland.

In der Sommersaison fährt der Regionalzug „Sylter Welle" auch am Wochenende direkt von Kiel nach Westerland.

Mit dem Auto: Ab Niebüll mit dem Autozug über den Hindenburgdamm nach Westerland oder mit der Fähre von Havneby auf der dänischen Insel Rømø nach List.

Mit dem Flugzeug: In der Saison werden Linienflüge zum Flughafen Westerland angeboten.

Sylt – Brandung, Dünen und Zeugen einer steinzeitlichen Besiedelung

Sylt ist mit 99 km² die größte und landschaftlich abwechslungsreichste der Nordfriesischen Inseln. Nirgendwo sonst findet man wohl so viele liebevoll gepflegte Friesenhäuser, die mit ihren Reetdächern dem Wind trotzen. Grasbewachsene Dünen, weite Heideflächen, niedrige Kiefernwäldchen, das Flachwassergebiet Rantum-Becken und die Wanderdünen im Norden der Insel prägen die Landschaft.

Aus dem Spiel der Naturgewalten entstanden die Kliffs. Das Rote Kliff von Kampen erstreckt sich über eine Länge von zwei Kilometer, steigt bis zu 25 Meter Höhe auf und leuchtet nicht nur in der Abendsonne rot. Über dem Kliff erhebt sich die Uwe Düne bis zu 52 m Höhe.

Auch das Morsum-Kliff leuchtet rot, Limonit (Roteisenstein) gibt ihm zu jeder Tageszeit seine rotbraune Farbe.

Die Westküste der Insel bildet ein etwa 40 km feiner Sandstrand, gegen den bei Westwind unaufhörlich die Brandung anrollt. Die den Strand begrenzenden Dünen ragen bis zu 25 m Höhe auf.

Vor 200 Jahren gab es auf der Insel noch über 200 Steinkammer- und Hügelgräber. Heute sind noch etwa 70 bekannt. Um den Leuchtturm Rote Kliff, auf dem südlich angrenzenden Golfplatz und am Radwanderweg der alten Inselbahntrasse nördlich von Kampen befinden sich zahlreiche Grabhügel. Auch das größte in Schleswig-Holstein noch erhaltene Ganggrab der jüngeren Steinzeit (Denghoog) steht auf Sylt. In der Nähe des Altfriesischen Hauses in Keitum befindet sich die Steinkammer Tipkenhoog mit einer Steineinfassung aus der jüngeren Steinzeit. Diese Grabanlage stand ursprünglich am Rande des Flugplatzes und wurde beim Bau der Startbahnverlängerung nach Keitum versetzt.

Denghoog, größte Grabkammer im Lande

Von Westerland bzw. Kampen mit dem Fahrrad oder zu Fuß zum Denghoog

Der Denghoog liegt am Nordrand des Ortes Wenningstedt, in unmittelbarer Nähe der Kirche.

Vom **Bahnhof in Westerland** fahren wir rechts in den *Kirchenweg* (Richtung Alte Dorfkirche), biegen nach ca. 200 m links ab und folgen weiter dem Straßenverlauf des *Kirchenweges*. Vor der Dorfkirche hal-

ten wir uns halb links, folgen nun der *Munkmarscher Chaussee* bis zum Schild Sackgasse und biegen dort links ab Richtung List. Auf der Straße *Sjipway* fahren wir bis zur Kreuzung am Flughafen und dort geradeaus weiter auf dem Radwanderweg Westerland – Keitum.

In Wenningstedt überqueren wir die *Hauptstraße / Braderuper Straße* und folgen dem *Kampener Weg* weiter geradeaus bis zur Abzweigung der Straße *Bi Kiar*. Dort biegen wir links ein und vor der Kirche wieder rechts in den Weg *Am Denghoog*. Nach etwa 100 m erreichen wir den steinzeitlichen Grabhügel.

Von Kampen kommend, verlassen wir den Radwanderweg kurz vor Wenningstedt an der *Nordstraße*, biegen rechts zum Campingplatz ab und schwenken nach 150 m links in den *Fasanenweg* ein, der in den Weg *Am Denghoog* übergeht. Der Grabhügel liegt auf der rechten Seite vor der Kirche.

Öffnungszeiten:
täglich 10–17 Uhr
außer Sonntags.

Denghoog, größte Grabkammer im Lande

Der Name Denghoog ist syltringer Friesisch und bedeutet Thinghügel. Aus dem Namen lässt sich schließen, dass der Hügel als Versammlungs- und Gerichtsplatz genutzt wurde. Doch dieses war nicht die ursprüngliche Bedeutung dieser Anlage. Das Ganggrab wurde im 3. Jahrtausend v. Chr. als Grab- und Kultstätte angelegt.

Der Denghoog ist das größte in Schleswig-Holstein erhaltene Ganggrab der jüngeren Steinzeit. Nach diesem Ganggrab, das 1868 von Professor Wibel entdeckt wurde, ist ein Zeitabschnitt der Steinzeit als Denghoogstufe benannt worden.

Zwölf Seitensteine bilden einen ovalen Grundriss von ca. fünf mal drei Metern. Auf ihnen ruhen drei mächtige Decksteine, von denen der Größte nach Berechnungen von Professor Wibel ca. 19,5 Tonnen wiegen soll. Im Innern der Grabkammer befanden sich drei, durch Steinsetzungen getrennte Bereiche. In diesen wurden Knochenreste der Verstorbenen, Steinwerkzeuge, ein heiles Tongefäß sowie Scherben von weiteren

Eingang zur Steinkammer Denghoog

22 Tongefäßen und Perlen aus Bernstein gefunden.

Bei meinen Besuchen der Steinkammer faszinieren mich immer wieder die gewaltigen Decksteine, besonders der mittlere Stein, der an einem Ende zu schweben scheint. Die Steinkammer ist sehr sorgfältig gebaut. Alle Zwischenräume sind mit flachen Steinen und Klei, der aus Prielen oder dem Wattenmeer stammt, wasserdicht versiegelt worden. Welche Bedeutung muss dieser so aufwendig erstellte Kultplatz für die Menschen gehabt haben, die mit einfachsten Mitteln und ohne Maschinenkraft so gewaltige Steine bewegten? Die in den Steinkammern gefundenen Tongefäße hatten Ähnlichkeit mit Trichtern. Daher werden die Erbauer dieser Monumente der Trichterbecherkultur zugeordnet. Es waren die ersten sesshaften Siedler dieser Gegend, die Ackerbau und Viehzucht be-

Sahen unsere Vorfahren in den Zugvögeln die Seelen ihrer Ahnen?

trieben. Den Eingang haben die Erbauer dieser Anlage so zur Sonne ausgerichtet, dass sie zur Wintersonnenwende am 21. Dezember durch ihn einfällt und ihre Strahlen den Trägerstein auf der gegenüberliegenden Wand (Spiegelstein) erreichen. Somit diente dieser Ort nicht nur dem Totenkult, sondern auch der Himmelsbeobachtung. Wir könnten den Denghoog also wie auch Stonehenge als Steinzeitobservatorium bezeichnen. Mit dieser Beobachtungsmethode hatten unsere Urahnen die Möglichkeit, die Jahreszeiten festzulegen, beginnend mit dem tiefsten Stand der Sonne.

Jedes Mal, wenn ich die Steinkammer betrat, bewunderte ich die präzise Arbeit ihrer Erbauer. Sicher hatten die Menschen der Steinzeit diesen Ort sehr bewusst ausgewählt. Auch nach über 4000 Jahren spürte ich an diesem Platz noch einen starker Energiefluss.

Für mich war ein Besuch dieses Ortes immer wieder ein besonderes Erlebnis. Das begann schon mit dem Einstieg durch die kleine Deckenöffnung. Nach dem Abstieg auf der steilen Leiter brauchte das Auge einen Moment, um sich an das spärliche Licht im Innenraum zu gewöhnen. Erst dann konnten die mächtigen Steine der Kammer wahrgenommen werden.

Meist setzte ich mich an die Westseite der großen Steinkammer. Dort spürte ich, wie bei jedem Atemzug eine pulsierende Energie durch meinen Körper und durch den Trägerstein hinter meinem Rücken aufstieg, wie diese Energie mich durchströmte, durch die tonnenschweren Decksteine floss und auf der Ostseite der Steinkammer durch die Trägersteine wieder in den Boden strömte. Schon nach wenigen Minuten fühlte ich mich an diesem Ort vollkommen entspannt und nahm nur noch meinen Atem sowie den Energiestrom dieses antiken Kultplatzes wahr.

Bevor ich diesen zauberhaften Ort wieder verließ, verneigte ich mich noch einmal vor der beeindruckenden Leistung der Erbauer dieses großartigen Monuments. Dann erst verließ ich diesen heiligen Ort durch den nur etwa einen Meter hohen Gang, der früher der einzige Zugang zur Steinkammer war.

St. Martin zu Morsum

Anfahrt:

Vom Bahnhof Westerland kommend, rechts in den *Kirchenweg* einbiegen. Nun immer der Hauptstraße folgen und über die *Keitumer Chaussee* und *Keitumer Landstraße* (K 117) am Ortsrand von Tinnum vorbei nach Keitum fahren. Weiter der K 117 über Archsum nach Morsum folgen. In Morsum geradeaus auf der Straße *Terpstieg* bis zur Querstraße *Serkwai* fahren. Ab hier ist die Kirche ausgeschildert, die am äußersten Ortsrand liegt.

Nordöstlich von Morsum liegt das Morsumkliff. Herrliche Wanderwege führen durch das Naturschutzgebiet zum über 20 m hohen Kliff. Roteisenstein (Limonit) färbt das Kliff rotbraun und Glimmer lässt es in der Sonne funkeln. Das Kliff gibt dem geologisch Interessierten Aufschluß über mehrere Jahrmillionen erdgeschichtlicher Entwicklung der Insel und ist eine Fundgrube für Geologen.

St. Martin - älteste Kirche auf Sylt

St. Martin zu Morsum steht im Ostteil der Insel auf einem kleinen Hügel inmitten der flachen Marschlandschaft und gilt als die älteste Kirche auf Sylt. Der kleine romanische Bau entstand vermutlich in der ersten Hälfte des 13. Jh. und wurde 1240 erstmals urkundlich erwähnt. Während die Kirchen von Keitum, Nieblum auf Föhr und Neukichen, dem steigenden Wohlstand der Gemeinden entsprechend, im Laufe der Jahrhunderte etliche Erweiterungen und Umbauten erfuhren, blieb St. Martin durch die Armut der Morsumer Gemeinde äußerlich fast unverändert. Nur das kleine Vorhaus wurde später an die Südwand angebaut. Das sakrale Bauwerk ist von schlichter Schönheit und beeindruckt den Besucher allein durch seine Harmonie der Proportionen.

Bei der Restaurierung der Kirche in den Jahren 1931–33 wurde der alte Zustand der Kirche weitgehend wieder hergestellt

und die Emporen entfernt. Dabei machte man zwei überraschende Entdeckungen: Zum Einen fand man das 1000-jährige Weihbecken, das zwischenzeitlich als Regenfass neben dem Kircheneingang Verwendung gefunden hatte. Als weitere Entdeckung, die weit über die Insel hinaus als kleine Sensation galt, fand man auf dem Dachboden der Kirche das Mittelstück des um 1500 geschnitzten Flügelaltars. Es ist ein sogenannter Gnadenstuhl, der Gott mit seinem toten Sohn auf dem himmlischen Thron darstellt. Links und rechts neben dem himmlischen Thron stehen St. Severin, der Schutzheilige der Keitumer Kirche und St. Martin, der Schutzheilige dieser Kirche. In den Seitenflügeln des Altars haben die geschnitzten Figuren der 12 Apostel ihren Platz.

Grabstein im Chor der Kirche

Das Mittelteil dieses Altars fand man auf dem Dachboden

Weitere Kunstwerke der Innenausstattung sollen nicht unerwähnt bleiben: Der Taufstein aus dem 13. Jh., die Taufschale von 1682, die Barock-Kanzel von 1698 und der Kronleuchter von 1713.

Doch die beeindruckende, ja mystische Ausstrahlung dieser Kirche scheint nicht durch die Kunstschätze der Inneneinrichtung hervorgerufen zu werden, sondern durch die Ausstrahlung, die von diesem heiligen Ort ausgeht und die der Besucher (meistens unbewusst) wahrnimmt.

Während die Kirche in Morsum auf dem alten vorchristlichen Kultplatz errichtet wurde, mußte St. Severin zu Keitum in einiger Entfernung des als Votanshügel bekannten vorchristlichen Kultplatzes gebaut werden, weil die Keitumer bei der Missionierung der Insel nicht auf ihre alten Götter verzichten wollten.

Bei meinen Aufenthalten auf Sylt wollte ich herausbekommen, ob ich einen energetischer Unterschied zwischen diesen beiden Kirchen spüren würde und wenn ja, wie stark ich diesen Unterschied wahrnehmen könnte.

So besuchte ich St. Severin,

dessen Turm den Seefahrern bis 1603 als Landmarke diente und bis 1803 auch als Gefängnis genutzt wurde. Anschließend führte mich mein Weg zur St. Martins-Kirche am Ortsrand von Morsum. Ich ging durch das kleine Südportal, verweilte am Ende des Mittelganges und ließ den Kirchenraum mit der schlichten Holzbalkendecke auf mich wirken. Ich spürte: Dieser Ort schien etwas ganz besonderes zu sein. Eine unsichtbare Kraft schien mich in Richtung Taufstein zu ziehen. Doch am Taufstein spürte ich keine besonders starke Energie, erst als ich den Bogen zum Chor durchschritten hatte und neben dem 1000-jährigen Weihbecken stand, spürte ich einen sehr kräftigen Energiestrom.

Während ich in der St. Severin-Kirche in Keitum nur am Altar eine schwache Energie spüren konnte, empfand ich in der St. Martin-Kirche in Morsum die stärksten Energien von allen heiligen Orten, die ich auf Sylt besuchte.

Jedes Mal, wenn ich den Chor der Kirche betrat, war ich von der Energie dieses Platzes fasziniert. Im gesamten Chorraum und in der Apsis durchströmte mich eine starke, pulsierende Energie, die ich als goldgelbe Lichtkuppel wahrnahm. Das Zentrum dieser Energie spürte ich jedoch nicht in der Mitte des Raumes, sondern in der nordwestlichen Ecke, in der das 1000-jährige Weihbecken steht. Auch bei einem Rundgang um die Kirche spürte ich diese Energie noch etliche Meter von Chor und Apsis entfernt.

Der 1000-jährige Weihestein steht in einer Ecke des Chores

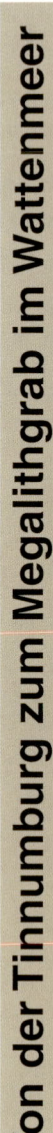

Von der Tinnumburg zum Megalithgrab im Wattenmeer

Eine empfehlenswerte Rundtour führt vom Bahnhof in Westerland um das Rantum-Becken, bei der man die Tinnum Burg, das Megalithgrab Mootjis Küül an der Wattkante und Tipkenhoog in Keitum besuchen kann.

Vom Bahnhof Westerland links in die Straße *Trift* einbiegen. Nach ca. 500 m weiter geradeaus auf der *Lorens-de-Hahn-Straße*. Vor dem Ortsausgang von Westerland links in die Straße *Halemdüür* einbiegen. Anschließend vor der Kleingartenanlage rechts auf dem *Franz-Korwan-Weg* bis zum Rad- und Wanderweg fahren und dort links abbiegen. Hinter einen Wasserlauf zweigt links der Weg zur **Tinnumburg** ab.

Anschließend fahren wir von der Tinnumburg auf dem Radwanderweg zurück, am *Franz-Korwan-Weg* vorbei bis zur Hauptstraße und weiter Richtung Rantum.

Vor Rantum biegen wir links zur Sylt-Quelle ein und gelangen auf der *Hafenstraße* zum Deich. Diesem folgen wir um das **Naturschutzgebiet Rantum-Becken** und kommen an Schleuse und Schöpfwerk vorüber.

Besonders im Frühjahr und Herbst, wenn die Zugvögel hier zu Tausenden rasten, ist die Deichstrecke beeindruckend.

Am Ende des Rantum-Beckens biegen wir rechts ab und fahren am seewärtigen Deichfuß weiter. An beiden Sandinseln und der Steinbuhne eines weiteren Schöpfwerkes vorbei gelangen wir zur steinzeitlichen **Grabanlage Mootjis Küül**.

Zum **Tipkenhoog** fahren wir etwa 1 km zurück, biegen 100 m vor der Steinbuhne des Schöpfwerkes rechts ab und fahren auf der *Koogstraße* nach Keitum. Dort queren wir die Bahnschienen, biegen rechts in die *Süderstraße* ein

und an deren Ende links in den *Gurtstieg*. Nach 150 m schwenken wir rechts in den *Ingewai* ein, an der nächsten Straße wieder links und erreichen die Steinkammer, die einst am Flughafen stand und beim Bau der Startbahnverlängerung hierher versetzt wurde.

Zurück nach Westerland können wir die Kreisstraße nehmen, schöner ist jedoch die Nebenstrecke südlich der Bahnschienen. Dazu fahren wir bis zu den Bahngleisen zurück, queren diese und biegen gleich rechts ab. An der Einmündung der Straße fahren wir einen Links-Rechts-Schwenk und folgen der Straße *Siidik*. In der Linksbiegung der Straße fahren wir geradeaus und gelangen über Tinnum wieder nach Westerland.

Tinnumburg, eine 2000 Jahre alte Wallanlage

Auf der ältesten Kleischicht der Sylter Südermarsch wurde in der Zeit um Christi Geburt die Tinnumburg errichtet. Die Burg liegt an einem Marschpriel, der einst mit einer Rinne der Westerländer Geest Verbindung hatte. Vor der Marscheindeichung von 1938 ragte die Burg bei Sturmfluten wie eine Insel aus dem Wasser heraus. Die Tinnumburg gehört zu den in der frühen römischen Zeit errichteten Rundwällen auf den Nordfriesischen Inseln und wurde im 8. und 9. Jh. erneut genutzt. Aus dieser Zeit stammt auch der heute sichtbare Wall, der über dem Wall aus der Zeit um Christ Geburt errichtet wurde. Die Rundwälle werden nach Analyse der Grabungsergebnisse der einst benachbarten Archsumburg unter anderem als germanische Kultstätten (Opferstätten) gedeutet. Auch der alte Flurname bei Archsum „Heiligenort" (auf hilligem Ort) weist auf eine kultische Verwendung der Wallanlagen hin. Außer der Tinnumburg und der Lembecksburg auf Föhr sind in Schleswig-Holstein keine vergleichbaren Denkmäler mehr erhalten geblieben.

Blick in das vermoorte Schilfgebiet der Tinnumburg

Neben den archäologischen Erkenntnissen über die Tinnumburg interessierte mich vor allem die Frage: Ist an diesem Platz eine stärkere Energie spürbar als in der umliegenden Landschaft? Ich besuchte die Tinnumburg mehrmals, umrundete auf dem Wall das Schilfgebiet, das sich im Innern der Burg ausbreitet, und bewunderte neben dem weiten Ausblick die Schilffläche, deren flauschige Wedel im Gegenlicht der Abendsonne goldfarben leuchteten. Hier oben auf dem Wall hatte ich das Gefühl, den Wolken ein Stück näher zu sein. Jedes Mal empfand ich eine stärkere Energie im westlichen Teil der Wallanlage. Vor dem Schilfgebiet am Fuße des Ringwalls konnte ich spüren, wie die Energie vom gesamten Ringwall aufstieg und diesen antiken Kultplatz umschloss, als würde ein energetisches Dach – wie eine Halbkugel – über der antiken Wallanlage schweben. Eine angenehme Wärme stieg dort durch meine Füße auf und floss durch meinen ganzen Körper.

Wenn Sie selbst einmal diese Energie spüren möchten, suchen Sie sich einen Platz am Ringwall, der Ihnen persönlich am besten zusagt, und spüren einfach einmal in sich hinein. Was fühlen Sie? Spüren Sie, wie die Wärme durch ihre Füße aufsteigt?

Megalithgrab im Wattenmeer

Vor dem Deich südwestlich von Archsum befindet sich eine Grabanlage der jüngeren Steinzeit (ca. 3000 bis 2500 v. Chr.)

Die Grabkammern lagen ursprünglich weit im Landesinneren. Durch den Landabtrag des immer weiter vorrückenden Meeres liegt die steinzeitliche Grabstelle heute an der Wattkante und kann nur bei Niedrigwasser besucht werden. Bevor 1936 der Deich gebaut wurde, war die Grabstätte noch mit einem Erdhügel bedeckt, in dem man eine mit verbrannten Knochen gefüllte Urne fand. Der weiche Untergrund des Wattenmeeres, der Rhythmus der Gezeiten und Sturmfluten, haben in den folgenden Jahren die Grabanlage, die im Volksmund Mootjis Küül (Großmütterchens Kuhle) genannt wird, stark beschädigt. Erhalten geblieben sind zwei Dolmen (Grabkammern), die von einer Steineinfassung umschlossen werden. Die Decksteine liegen nicht mehr auf den Dolmen, aber die Seitensteine eines Dolmens stehen noch an ihrem ursprünglichen Platz und bilden eine sauber eingefasste rechteckige Kammer.

Am eindrucksvollsten wirkt die steinzeitliche Anlage, wenn die untergehende Sonne die weite Wattfläche in einen leuchtenden Teppich aus flüssigem Gold verwandelt. Oft habe ich auf dem ersten Stein der vorderen Grabkammer gesessen und über das Watt geschaut, hörte nur den Wind, das entfernte Rauschen der Wellen, die Rufe der Möwen und manchmal auch die Rufe der Gänse weit draußen an der Wasserkante.

Ich schaute über das Watt, genoß diese Ruhe und spürte, wie die Energie aus dem Boden aufstieg und meine Füße wärmte. Wie sie aus dem Stein, auf dem ich saß, durch mich hindurchströmte und sich anschließend wie ein flacher Schirm über das goldglänzende Watt ausbreitete.

Es ist schon ein besonderer Platz, den die Menschen vor etwa 5000 Jahren hier anlegten und der heute im Rhythmus der Gezeiten vom Wasser umspült wird. Einen stärkeren Energiestrom konnte ich nur an der, vom Deich aus gesehen, vorderen Grabkammer wahrnehmen. In der übrigen Anlage war die ausgestrahlte Energie deutlich schwächer. Vermutlich wird durch das Wasser die meiste Energie abgeleitet. Neben der Steineinfassung der hinteren Grabkammer spürte ich eine Energie, die mich von der Grabanlage wegzuschieben schien, und an der hinteren Grabkammer konnte ich nur sehr schwache Energieströme spüren.

Wenige Meter südlich befindet sich eine weitere Grabanlage, die aus einer Steineinfassung mit einem Dolmen besteht. Diese Anlage ist stark zerstört und wirkt auf den ersten Blick fast wie ein gewöhnlicher Steinhaufen. Erst bei genauerer Betrachtung ist die Steineinfassung mit der Grabkammer erkennbar. Bei dieser Anlage konnte ich den Energiestrom jedoch kaum wahrnehmen.

Tipkenhoog

Ein weiteres Steinkammergrab befindet sich an der Küste in Keitum. Dieses sehr schön restaurierte Grab mit einem Dolmen und umlaufender Steineinfassung steht heute neben einem Grabhügel hoch über dem Küstensaum. Von hier hat man einen zauberhaften Ausblick über das Wattenmeer. Einst stand diese Grabkammer der jüngeren Steinzeit am Flughafen und wurde beim Bau der Startbahnverlängerung nach Keitum versetzt.

Durch den Standortwechsel ist natürlich das ursprüngliche Energiefeld nicht mehr vorhanden. Deshalb wird man hier auch keine besonderen Energieströme wahrnehmen können. Lediglich beim Deckstein konnte ich einen schwachen Energiestrom spüren. Ob es sich dabei aber um die gespeicherte Energie des altes Platzes oder um die Eigenenergie dieses Steines handelt, wird wohl ein Geheimnis bleiben.

Die Grabanlage Mootjis Küül bei Niedrigwasser

Antike Kultplätze auf Föhr

Lembecksburg - Moonklembergem - Trübergem

Zu den antiken Kultplätzen auf Föhr

Lembecksburg – Moonklembergem – St.-Laurentius-Kirche – Triibergem – Tinghuug

Anreise:

Mit der Bahn:
Von Flensburg bzw. Husum über Niebüll nach Dagebüll Hafen. Von dort mit der Fähre der Wyker Dampfschiffreederei nach Wyk auf Föhr.

Mit dem Auto:
Aus Richtung Husum kommend, auf der B 5 bis Bredstedt fahren. Anschließend links abbiegen und der Küstenstraße bis zum Fähranleger in Dagebüll folgen. Weiter auf der Fähre der Wyker Dampfschiffreederei nach Wyk auf Föhr.

Rundtour vom Hafen Wyk

Zu den frühgeschichtlichen heiligen Orten der Insel bietet sich eine Tagestour per Fahrrad an. Man sollte genug Zeit für die einzelnen Orte einplanen, da man sich erfahrungsgemäß länger an ihnen aufhält, als man ursprünglich eingeplant hat.

Die Rundtour führt vom Hafen Wyk zur Lembecksburg, nach Moonklembergem, zur St. Laurentius-Kirche und zu den Hügelgräbern Triibergem und Tinghuug (34 km).

Vom Fähranleger fahren wir auf dem Radweg (linke Straßenseite) bis zur Kreuzung, queren den *Heymannsweg* und fahren geradeaus weiter auf dem Radweg (*Marschweg*). An dessen Ende queren wir die Landstraße und fahren auf der Straße *But Dörp und Ohl Dörp* am Ortsrand der Dörfer Boldixum, Wrixum, Oevenum (Landwirtschaftsmuseum) und Midlum nach Alkersum.

Dort queren wir die Kreisstraße und folgen den Radwegweisern nach Borgsum. Etwa 200 m vor Borgsum biegen wir rechts in Richtung Oldsum ab. Nach ca. 500 m liegt rechter Hand die **Lembecksburg**.

Anschließend radeln wir weiter Richtung Oldsum bis zur Einmündung der Straße. Dort biegen wir links ab und erreichen an der nächsten Abzweigung die Lorenz-Braren-Gedächtnisstätte an der linken Straßenseite. Zu den Hügelgräbern von **Moonklembergem** aus der Wikingerzeit gehen wir auf dem Grasweg an der Gedächtnisstätte geradeaus.

Zur **St. Laurentiuskirche** fahren wir noch 300 m weiter.

Vor der Kirche halten wir uns rechts, biegen nach wenigen Metern links in die Landstraße ein und gleich wieder rechts, Richtung Utersum. Vor dem Ortsschild biegen wir links in die Landstraße ein und radeln auf der Straße *Jaardenhuug* am Zollhaus vorüber immer in Richtung Reha-Klinik. Kurz vor der scharfen Linkskurve biegen wir rechts in die Straße *Waaster Jügem* ein und erreichen an deren Ende die Grabhügel **Triibergem**.

Zum Tinghuug fahren wir auf der Straße *Waaster Jügem* zurück, biegen rechts in die Straße *Jaardenhuug* ein und folgen anschließend der Linksbiegung der Hauptstraße. Auf der *Traumstraße* biegen wir an der nächsten Abzweigung in Hedehusum rechts ab.

Wir folgen nun dem *Fiete-Föhr-Radweg*, schwenken zwischen Wisum und Goting wieder rechts in die *Traumstraße* ein. An der Abzweigung zum Goting Kliff biegen wir rechts ab, folgen weiter der *Fiete-Föhr-Route*, biegen in der Nähe des Goting-Kliffs links in den *Tingweg* ein und kommen an den Hügelgräbern **Tinghuug**, Osterheide und Tiffberig vorüber.

Über Nieblum (St. Johannis-Kirche) gelangen wir, am Golfplatz und Flughafen vorbei, wieder nach Wyk und folgen der Ausschilderung zum Hafen.

Föhr

Eingebettet von Wolken und Wellen liegt die 82 km² große Insel im Wattenmeer. Weite Felder und Wiesen prägen die flache Landschaft. Neben einem kilometerlangen Badestrand im Süden der Insel laden idyllische Inseldörfer, Windmühlen und romantische Reetdachhäuser mit liebevoll gepflegten Bauerngärten zu einer Entdeckungsreise ein. Schon zur Bronzezeit muss Föhr ein beliebter Siedlungsplatz gewesen sein, zumindest lassen das die etwa 800 Begräbnisplätze aus der Stein- und Bronzezeit vermuten, die Archäologen auf der Insel nachgewiesen haben. Die wenigen, die erhalten geblieben sind, befinden sich überwiegend im Südwesten der Insel.

Im Friesen-Museum in Wyk (Rebbelstieg 34) kann man sich im ältesten Haus von Föhr auf die Tour zu den frühgeschichtlichen Kultur- und Energieplätzen einstimmen. Das Museum zeigt unter anderem Grabbeigaben aus der Stein- und Bronzezeit, die in den Hügelgräbern der Insel geborgen wurden.

40

Um zur Lembecksburg zu gelangen, verlassen wir Wyk, radeln auf schmalen Nebenstraßen durch die idyllischen Inseldörfer Oevenum, Midlum und Alkersum. Weiter geht es zwischen saftig grünen Wiesen und Feldern hindurch, auf denen sich im Sommer das Getreide im Wind wiegt. Vor Borgsum erhebt sich die Lembecksburg aus der flachen Landschaft und ist schon von Weitem zu erkennen.

Lembecksburg

Der Ringwall erhebt sich auf einem natürlichen Geestkern. Den Burginnenraum mit einem Durchmesser von 95 m umgibt ein etwa 10 m hoher Wall, der im Süden durch ein Tor unterbrochen ist. Östlich des Walls befindet sich ein kaum noch erkennbarer Vorwall und ein flacher Graben. Bei den 1951/52 durchgeführten Grabungen innerhalb der Wallanlage wurden Hausgrundrisse freigelegt und zahlreiche Keramikscherben, Eisengeräte, Webgewichte und Gefäße aus Speckstein gefunden. Diese Funde datieren den Ringwall in die Wikingerzeit (9./10. Jh. n. Chr.). Eine frühere Nutzung der Wallanlage belegen Funde aus der jüngeren Steinzeit (2500 v. Chr.) sowie um Christi Geburt.

Auch eine zeitweilige Nutzung der Anlage zur Salzgewinnung ist nicht ausgeschlossen. Der Wall ist in seiner heutigen Form im 14. Jh. entstanden. 1362 wurde Ritter Lembeck vom dänischen König Waldemar Atterdag mit den Inseln Föhr, Sylt und Amrum belehnt. Nach Streitigkeiten belagerte König Waldemar mit seinen Truppen die Burg und vertrieb den Ritter.

Nach Waldemars Tod im Jahr 1375 schloss seine Tochter, Königin Margarete, Frieden mit Ritter Lembeck, und in der Folgezeit herrschte sein Sohn Christian Frellefson auf der Burg.

Vom Ringwall blickt man noch immer, wie einst Ritter Lembeck, über das flache Land und über weite Wiesen und Felder, die am Horizont den Himmel zu berühren scheinen. Es ist schon ein besonderes Erlebnis, gemächlich auf dem Wall die Anlage zu umrunden, die prächtige Aussicht zu genießen und vielleicht zu beobachten, wie die Wolken über den Himmel segeln und die Schatten der Wolken über die Wiesen huschen. Wer bei diesem Rundgang auf dem Wall auch in sich hineinspürt, wird vielleicht die

Die Lembecksburg bei Sonnenaufgang

unterschiedlichen Energien wahrnehmen, die ihn dabei umgeben, oder bemerken, dass bei der Umrundung recht unterschiedliche Gefühle aufsteigen, ohne dass sich diese Gefühlsschwankungen erklären lassen.

Ich erinnere mich noch gut an meinen ersten Besuch dieses Platzes. Als ich zum Eingang des Walles kam, spürte ich, wie mich eine unsichtbare Kraft vom Besuch der Lembecksburg abhalten wollte, und beim Rundgang auf dem Wall empfand ich einen deutlichen Wechsel der Energien zwischen der Ost -und Westseite des Walles.
In der Mitte der Wallanlage, dort wo das Gras zeitweise eine frischere Farbe aufweist, liegt auch das Kraftzentrum der Anlage. An dieser Stelle empfand ich die stärkste Energie und spürte, wie diese durch meine Füße aufstieg und durch meinen gesamten Körper floss. Während ich in der Mitte der Wallanlage ganz ruhig verharrte, spürte ich nach wenigen Minuten, wie die Energie von der Mitte der Burg in einem weiten Bogen zum Wall hinüberfloss. Im Zentrum der Burg fühlte ich mich von der Energie angenehm getragen. Ganz anders auf dem Wall am Westrand der Burg. Dort löste das Energiefeld ein unwohles Gefühl aus. Ich fühlte mich dort, als

hätte ich Blei in den Beinen, als würde mich eine unsichtbare Kraft nach unten drücken.

Bevor ich die Lembecksburg verließ, setzte ich mich noch eine Weile auf die Ostseite des Walles und schaute zu, wie der Wind im Gras Wellenmuster zeichnete und im nächsten Moment wieder auslöschte. So konnten die belastenden Energien, die mich am Westrand der Anlage durchströmt hatten, wieder abfließen, und ich war für die Weiterfahrt nach Moonklembergem bereit.

Von der Lembecksburg folgt man der schmalen Straße durch die Feldmark, in der im Sommer roter Mohn und blaue Kornblumen den Feldrand in einen Blumengarten verwandeln. An der Lorenz-Braren-Gedächtnisstätte ist man der nächsten Station schon sehr nahe. Von dort führt ein meistens sauber gemähter Grasweg zu den Hügelgräbern der Wikingerzeit.

Moonklembergem

Moonklembergem gehört zu den zahlreichen Zeugnissen der Vor- und Frühgeschichte der Insel Föhr.

Die Grabhügel fallen kaum auf, ganz im Gegensatz zu den Hügelgräbern aus der Bronzezeit, die sich markant

Im Mondlicht wirkt Moonklembergem durchaus etwas unheimlich

aus der flachen Landschaft erheben. In der Anlage befinden sich sieben Grabhügel, von denen noch sechs deutlich zu erkennen sind. Bemerkenswert ist die äußerst selten vorkommende Einfassung des Gräberfeldes mit einem Wall. Der einst den Wall umgebene Graben ist heute jedoch kaum noch zu erkennen. Bei archäologischen Untersuchungen fand man menschliche Asche und Urnenreste. Diese datieren die Anlage um das 10. Jh. Es handelt sich wahrscheinlich um einen kleinen Friedhof aus der Wikingerzeit, der vermutlich einer bedeutenden Familie als Bestattungsplatz diente.

Ein Rundgang auf dem unbefestigten Pfad durch das mit Gras, Wildkräutern und kleinen Büschen bewachsene Gräberfeld scheint auf den ersten Blick wenig interessant.

Wer dabei aber auf seine innere Wahrnehmung achten kann, wird trotz des schwachen Energiefeldes dieses Platzes vermutlich an einem Hügel eine energetische Veränderung spüren können.

Der antike Kultplatz ist sicher nicht innerhalb des Gräberfeldes zu suchen, sondern lag vermutlich an dem Ort, auf dem die St.-Laurentius-Kirche steht.

Dass die erste Kirche auf Föhr nicht in einem Ort errichtet wurde, sondern in einiger Entfernung zu den Ansiedlungen, deutet darauf hin, dass sich hier wahrscheinlich das wichtigste vorchristliche Heiligtum der Insel befand.

St.-Laurentius-Kirche

Die Kirche entstand um 1150 als Feldsteinbau. Das Langhaus, der älteste Teil der einschiffigen Kirche, stammt noch aus dieser Zeit.

Der heute weitgehend erneuerte Turm sowie die Deckengewölbe wurden in der Spätgotik hinzugefügt. Zu den Kostbarkeiten der Innenausstattung zählen der Figurenaltar um 1440 und eine italienische Marmortaufe (1752). Diesen Taufstein ließ der Föhringer Kapitän J. Rörd J. Früdden in Livorno anfertigen und stiftete ihn 1754 der Kirche. Sehenswert sind auch die wieder freigelegten Wandmalereien an den Deckengewölben.

Dieser Ort, der schon in vorchristlicher Zeit für die Menschen ein heiliger Platz war, strahlt eine ganz besondere Energie aus. Diese spürte ich jedesmal schon beim Betreten des Kirchenraumes. Bei meinen Besuchen verweilte ich meist erst im hinteren Drittel des Raumes, betrachtete die wieder freigelegten Wandmalereien und ließ die Energie des Raumes und der Erde auf mich wirken. Hier empfand ich eine kraftvollere Energie als in den anderen Kirchen der Insel. Das lag nicht an der Ausstattung des Kirchenraumes, denn die Kirchen von Nieblum und Boldixum sind prachtvoller ausgestattet als St. Laurentius.

Als ich mir bei meinem ersten Besuch der Kirche nach einer Weile die kunstvoll geschnitzten Figuren der Marienkrönung am Altar näher anschauen wollte, war ich von dem

45

mächtigen Energiestrom überrascht, der durch meinen Körper floss und sich wie ein Strahlenkranz ausbreitete. Dagegen war die Energie, die ich vorher im Kirchenschiff spürte, nur eine leichte Einstimmung auf das Energiefeld am Altar.

Dass die Energieströme um Altar oder Taufe am stärksten wahrgenommen werden können, ist nicht ungewöhnlich, denn dieses Phänomen findet sich in den meisten Kirchen des 12. und 13 Jh. Die Erbauer der romanischen und gotischen Kirchen müssen ihr Wissen über die Kraftfelder und Energieströme der Erde ganz bewusst beim Bau der Kirchen eingesetzt haben. So überraschte mich auch nicht die Energieverteilung in der Kirche, sondern nur ihre Stärke im Bereich um den Altar. Dieser starke Energiefluss war auch noch deutlich außerhalb der Kirche, rund um den Chor, zu spüren.

Zum Ausklang des Besuches der St.-Laurentius-Kirche kann ich einen Rundgang über den Kirchhof empfehlen. Nicht nur zur Erkundung des Energiefeldes lohnt sich dieser Rundgang, sondern auch wegen der zahlreichen alten Grabsteine mit kunstvollen Schiffsdarstellungen. Sie erzählen Geschichten von Kapitänen, Walfängern, Segelschiffen, weiten Seereisen und Abenteuern.

Die Fahrt zu den heiligen Orten dieser Insel führt weiter auf einer schmalen Teerstraße zwischen Wiesen hindurch, auf denen im Frühsommer das gemähte Gras trocknet und die Luft nach Heu und Salz riecht. Vor Utersum biegt man in die Landstraße ein, kommt am Zollhaus vorüber und gelangt zu den Grabhügeln von Triibergem.

Triibergem

Drei Hügel aus der Bronzezeit (1800–500 v. Chr.) mit einem Durchmesser von 27,3 m und einer Höhe von 5–6 m bilden die Grabanlage. Bei archäologischen Ausgrabungen fand man Urnen mit menschlicher Asche. Als Beigabe lag in einem Grab eine kleine Bronzedolchklinge.

Auf einem Wildacker, umgeben von einigen Häusern, stehen die drei Grabhügel in einer Reihe. Von der Straße aus sehen diese nicht mal besonders einladend aus. Doch wenn man zum mittleren Hügel hinaufsteigt, sich dort niederlässt und die Szenerie auf sich wirken lässt, wird man

Blick auf den nördlichsten Hügel von Triibergem

sicher bald den Zauber spüren, den dieser Platz ausstrahlt.

Ich saß einmal auf der Kuppe des mittleren Hügels im Gras, ließ meine Gedanken zur Ruhe kommen und fühlte, wie der Wildacker mit den drei Hügeln wie eine eigene Welt inmitten der ihn umgebenden Häuser lag. Ich registrierte die Kraftlinie, auf der die Hügelgräber liegen und die auf dem mittleren Hügel ihre größte Stärke aufweist. Dort spürte ich die Energie, die wie ein farbenprächtiger Regenbogen aufstieg und zu den beiden anderen Hügeln strömte.

Einige Zeit saß ich so im Gras, freute mich am warmen Sommerwind auf der Haut, atmete den Duft der Wildblumen und merkte, dass die Luft nach Salz schmeckte.

Warum errichtete man vor über 3000 Jahren Grabstellen auf solchen energetischen Kraftorten? Sollten sie eine Verbindung zwischen Erde und Universum herstellen? Konnten nur auf solchen Kraftplätzen die Verstorbenen mit ihren Göttern in Kontakt treten? Von archäologischen Funden wissen wir nur, dass unsere Urahnen in der Bronzezeit an ein Leben nach dem Tod glaubten und den Verstorbenen Verpflegung, Werkzeuge und Schmuck für die Reise ins Totenreich mit ins Grab legten.

Tinghuug wurde zeitweise als Thingplatz genutzt

Eine größere Anzahl Grabhügel liegt nordwestlich und südöstlich von Hedehusum und weitere in der Nähe des Goting-Kliffs.

Der Weg zu diesen Hügelgräbern führt am Südrand der Insel auf schmalen asphaltierten Wegen in Strandnähe entlang. Im Mai und Juni finden sich hier Tausende von Austernfischern ein, um zu brüten. Diese schwarz-weißen Vögel mit ihrem kräftigen roten Schnabel können in dieser Zeit überall beobachtet werden, und ihr unverwechselbarer Ruf ist weithin hörbar. Gelegentlich sieht man sogar eine Vogelfamilie mit ihrem flaumigen Nachwuchs am Wegrand entlang spazieren.

Zu weiteren Hügelgräbern folgt man dem *Fiete-Föhr-Radweg*, der in Hedehusum die *Traumstraße* verlässt und südlich von Witsum am Vogelschutzgebiet vorüberführt. In der flachen Landschaft sind die Erhebungen der Grabhügel schon von weitem zu erkennen. In der Nähe des Goting Kliffs biegt man in den *Tingweg* ein und gelangt zu den Hügelgräbern Tinghuug, Osterheide und Tiffberig.

Tinghuug

Der Grabhügel aus der Bronzezeit liegt am Rand einer kleinen Feriensiedlung. Wie auch bei den übrigen Grabhügeln ist der ursprünglich gesetzte Steinkreis am Fuße des Hügels nicht mehr vorhanden. Nur ein neu gesetzter Stein mit der Aufschrift „Thinghugh" und den Daten der Bronze- und Eisenzeit weist darauf hin, dass dieser Platz in der Bronzezeit als Grabhügel angelegt und in der anschließenden Eisenzeit als Thingplatz genutzt wurde. Durch ihre enge Verbundenheit zur Natur und den Kräften der Erde errichteten die Germanen ihren Thingplatz – ein Versammlungs- und Gerichtsplatz – meist auf einem kraftvollen Ort. Gewöhnlich stand auf diesem Platz auch eine mächtige Linde oder Eiche. Es ist vorstellbar, dass unsere Vorfahren so hofften, mit ihren Göttern leichter Verbindung aufnehmen zu können, um so zu weiseren Entscheidungen zu gelangen.

Wer die schirmförmig einströmende Energie vom Tinghuug einmal erlebt hat, kann sicher gut nachempfinden, wie sich vor über tausend Jahren die Menschen von der Energie des Ortes inspirieren ließen, bevor sie ihre Entscheidungen trafen. Noch heute kann ich diesen Platz zur Meditation besonders empfehlen.

Wer auf dem Pfad den Hügel hinaufsteigt und sich auf dessen Kuppe im Gras niederlässt, um zu meditieren, dürfte vermutlich schon bald eine tiefe Verbindung mit den Energien der Erde spüren. Bei den meisten Menschen wird diese Energie im Solarplexusbereich (oberer Bauchbereich) wahrgenommen.

Auf dem Hügel, der auf der gegenüberliegenden Straßenseite liegt, konnte ich dagegen kaum einen Energiestrom wahrnehmen.

Geschlechterfriedhof auf dem Kirchhügel

Anfahrt:

Von Süden kommend, auf der A 23 und an deren Ende weiter auf der B 5 bis Karolinenkoog fahren. Bevor die Bundesstraße die Eider überquert, nach Lunden abbiegen und der Kreisstraße 69 bis Lunden folgen. Die Kirche und der Geschlechterfriedhof liegen am Nordrand des Ortes.

Geschlechterfriedhof auf dem Kirchhügel

Die St.-Laurentius-Kirche von Lunden

Die erste Kirche in Lunden stand bereits, als der Ort 1140 erstmals urkundlich erwähnt wurde. Diese Urkirche befand sich etwa im mittleren Teil der heutigen Kirche. Die ältesten Teile der Außenmauern, die bei den Erweiterungen des Kirchenbaues erhalten geblieben sind, stammen aus der zweiten Hälfte des 12. Jh. Durch den Anbau des gotischen Chores im Jahre 1471 erhielt die Kirche ihre ungewöhnlichen Proportionen. Eine mit Ornamenten bemalte Holzbalkendecke überspannt beide Kirchenschiffe und den Chor. Farblich abgesetzte Balken betonen die ungewöhnlichen Proportionen der Kirche und heben die drei Räume besonders hervor.

1559 und 1834 brannte die Kirche aus. Vor dem Brand von 1834 muss die Kirche reich an Kunstwerken und wertvoller Innenausstattung gewesen sein. Nur der 40-armige Kronleuchter von 1774, der den verheerenden Brand überstand, erinnert noch an den Reichtum vergangener Zeiten.

Der Geschlechterfriedhof

Die Familienverbände der Bauern (Geschlechter) prägten die Geschichte Dithmarschens. Keine Fürsten oder

An der Südseite des Hauptaufganges zur Kirche steht diese kunstvoll gearbeitete Stele mit der Darstellung einer himmlischen Gerichtsszene

Herzöge haben Dithmarschen regiert, sondern Bauerngeschlechter, von 1447 bis 1559 sogar als unabhängige Bauernrepublik. Der Lundener Geschlechterfriedhof ist ein Zeugnis dieser Zeit und einmalig in seiner Art.

Jedes Grab gehörte zu einem Hof und wurde mit diesem weiter vererbt. Die Gräber bestehen aus tonnenförmig gewölbten Grabkellern, die mit bis zu zwei Tonnen schweren Grabplatten verschlossen sind. An einigen sind noch die Eisenringe zu erkennen, mit denen die Bauern bei einer Beisetzung mit Hilfe von Pferden die Grabkammern öffneten.

Grabplatten und Stelen (senkrecht stehende Gedenksteine) stammen überwiegend aus Bremer Steinmetzbetrieben und wurden auf dem Seeweg über Nordsee und Eider zum heute verlandeten Hafen von Wollersum transportiert. Die wohl interessanteste Stele steht schräg hinter der Gruft des Geschlechtes der Sulemannen. Dieser Sühnestein erinnert an den im Jahre 1537 ermordeten Peter Swyn. Die Verleihung des Stadtrechts an Lunden setzte er ebenso durch wie die Gründung eines Franziskaner-Klosters in Lunden, und als einer

der „48 Regenten" von Dithmarschen vertrat er die Bauernrepublik nach außen.

Kirche und Geschlechterfriedhof liegen auf einem Hügel, der sich aus der flachen Landschaft erhebt und der sicher einst eine gute Aussicht bot, bis hinüber zum heute verlandeten Hafen von Wollersum. Solche Plätze waren schon in der vor- und frühgeschichtlichen Zeit von Bedeutung.

Dieser Platz war jedoch nicht nur von strategischer Wichtigkeit, sondern wurde sicher darüber hinaus auch als heiliger Ort verehrt. Vermutlich war dieser Ort weit mehr als ein gewöhnliches vorchristliches Dorfheiligtum, denn die ersten Kirchen entstanden auf den wichtigsten vorchristlichen Kultplätzen, und Lunden gehörte nach Meldorf zu den ersten Kirchorten in Dithmarschen.

Ich erinnere mich noch gut an meinen ersten Besuch dieses Platzes. Ich kannte nur die geschichtlichen Daten der Kirche und des Geschlechterfriedhofes und war gespannt, welche Energien ich an diesem Ort antreffen würde. Ich erreichte den mit Kastanienbäumen eingefassten Kir-

Der Sühnestein erinnert an den ermordeten Peter Swyn

chenhügel, als die Sonne noch tief im Osten stand. Durch die Bäume fielen Lichtflecken auf die Grabplatten und Stelen. Ich betrat den Geschlechterfriedhof von Süden her, schritt durch das Tor, ging unter den alten Kastanienbäumen hindurch. Noch bevor ich die erste Stele erreicht hatte, spürte ich einen starken Energiefluss. Langsam ging ich weiter zur Kirche hinauf und umrundete diese. Anschließend folgte ich den Stufen des sogenannten Priester-Stegels und ging zum Abschluss in die Kirche hinein. Ich ließ alle Eindrücke auf mich wirken, schaute auf die kunstvoll gearbeiteten Stelen und die teilweise schon stark verwitterten, mit Algen und Moosen überzogenen Grabplatten. Ich bewunderte das Schattenspiel und die tanzenden Lichtflecken auf den Gräbern und spürte die Energie, die meinen Körper durchfloss. Dabei empfand ich auf dem gesamten Hügel einen starken Energiestrom, der aber nicht gleichmäßig verteilt war, sondern unterschiedliche Qualitäten aufwies. Am angenehmsten empfand ich die Energie am auffälligen tischartigen Grabaufbau der Ebbingmannen. Von den Mitgliedern der Lundener St. Pantaleons Gilde wurden hier seit dem 16. Jh. Lebensmittel an die Armen verteilt. Auch im Ostchor und etliche Meter um diesen herum spürte ich eine sehr starke und angenehme Energie. Von beiden Plätzen konnte ich eine weiße bis goldgelbe Energiekuppel wahrnehmen, die den ganzen Hügel mit der Kirche und dem Geschlechterfriedhof umspannte. In dieser Energiekuppel spürte ich dunkle gezackte Linien, die mich an Spannungsrisse in Wänden erinnerten.

In der Kirche spürte ich seltsamerweise die Energie im Mittelschiff, dem Platz der Urkirche, und direkt vor dem Eingang am Ende des Hauptweges schwächer und ebenfalls mit Spannungslinien durchsetzt.

Vielleicht wurde aus diesem Grund der Chor nach Osten angebaut. Solche Baumaßnahmen waren bei Dorfkirchen ungewöhnlich und wurden meistens nur bei repräsentativen Kirchenbauten, etwa bei Bischofskirchen, durchgeführt, sonst wurden Taufstein und Altar nicht versetzt.

Der Dithmarscher Dom zu Meldorf

Anfahrt:

Von Süden kommend die Autobahn A 23 an der Abfahrt Albersdorf verlassen und über Dellbrück (Großstein- grab) nach Meldorf fahren. Aus Richtung Heide bzw. Marne ist Meldorf über die B 5 zu erreichen.

Der Dithmarscher Dom zu Meldorf

Zu Beginn des 9. Jh. ließ Bremens Bischof in Meldorf die erste Kirche errichten. Zu dieser Zeit lag der Ort auf dem Geestrücken noch nah am Wasser und hatte einen Hafen und einen Thingplatz. Nachdem die selbstbewussten Dithmarscher Adel und Fürsten vertrieben hatten, bauten sie Ende des 13. Jh. die gotische Gewölbebasilika. Das prächtige sakrale Bauwerk aus rotem Backstein sollte das Selbstbewusstsein der Bauern und ihrer Führung zum Ausdruck bringen.

Besondere Beachtung verdienen die in Norddeutschland einzigartigen Deckenmalereien der Querhausgewölbe aus dem 13. Jh. Während Vierung und Südschiff mit Heiligenlegenden ausgemalt sind, stammen die Szenen im nördlichen Querbau aus dem Alten und Neuen Testament, und die Personen wurden recht anschaulich als mittelalterliche Bauern (oder Ritter?) dargestellt.

Hinter der Chorschranke verbirgt der spätgotische Schnitzaltar von 1520

Eine prachtvoll im Stil niederländischer Spätrenaissance geschnitzte Chorschranke grenzt das Kirchenschiff vom Altarraum ab. Dahinter verbirgt sich der spätgotische Schnitzaltar. Er entstand um 1520 nach süddeutschem Vorbild und zeigt in seinem Mittelschrein eine figurenreiche Kreuzigung. Die bronzene Taufe gleich hinter der Chorschranke wirkt in ihrer schlichten Eleganz schon fast modern, stammt aber aus dem 13. Jh.

Von dem alten Thingplatz, auf dem seit Ende des 13. Jh. der Dom steht, konnte man sicher einst zum Hafen hinunter schauen und hatte einen weiten Blick über das Wattenmeer und die Nordsee.

Bei einem Rundgang um den Dom spürte ich um den Chor

genehmen Druck im Brust- und Halsbereich, der sich schnell abschwächte, je weiter ich zur Mitte des Kirchenschiffes ging. Einige Meter bevor ich das Querschiff erreichte, fühlte ich wieder diese starke Energie, die ich schon bei meinem Rundgang um den Dom wahrgenommen hatte. Langsam ging ich weiter bis zur Chorschranke. Eine unsichtbare Kraft zog mich förmlich in Richtung Kanzel. Schließlich stand ich an der Chorschranke zwischen Taufbecken und Kanzel, blickte durch die prächtige Chorschranke zu den kunstvoll geschnitzten Figuren des Altars hinüber, die im matten Licht des Kirchenraumes mit ihrem goldenen Glanz leuchteten, als trügen sie das Licht in sich. Hier musste ich mich im Energiezentrum dieses Platzes befinden, denn hier spürte ich, wie eine angenehme, starke, pulsierende Energie meinen Körper durchströmte und wie eine kräftige Energiesäule im Raum aufzusteigen schien.

Nach einer Weile setzte ich mich in eine der ersten Bankreihen und betrachtete die herrlichen Deckenmalereien an den Gewölben. Auch hier spürte ich diesen starken Energiestrom, wenn auch nicht ganz so stark wie zwischen Kanzel und Taufstein.

herum bis zu den beiden Eingängen der Querschiffe eine starke Energie. Dagegen liegt der hintere Kirchenraum mit dem Turmportal nicht im Einzugsbereich dieses Energiezentrums. Nach meinem Rundgang um den Dom betrat ich die Gewölbebasilika durch das Turmportal. Im hinteren Bereich des Kirchenschiffes und im Bereich des Turmportals empfand ich einen unan-

Brutkamp und die Grabkammern im Steinzeitpark

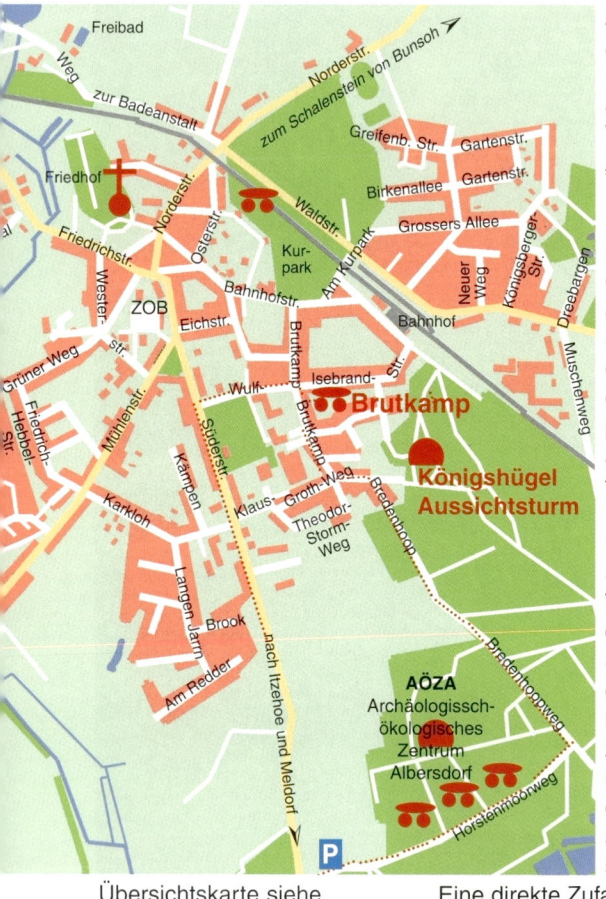

Albersdorf abbiegen. 100 m weiter am braunen Wegweiser „Langbetten" rechts zum Parkplatz einbiegen. Von dort führt ein archäologischer Wanderweg durch den Steinzeitpark, vorbei an Langbetten, Dolmen, Hügelgräbern und einem Steinzeitdorf. Weiter führt der Weg zum Steinkammergrab Brutkamp sowie zum Königshügel, auf dem ein Aussichtsturm steht.

Übersichtskarte siehe Seite 72

Anfahrt:

Von Süden kommend, die Autobahn A 23 an der Abfahrt Albersdorf verlassen und Richtung Itzehoe / Albersdorf fahren. An der Abzweigung nach Itzehoe links nach

Eine direkte Zufahrt zum Brutkamp ist in Albersdorf ausgeschildert und führt von der *Süderstraße* rechts in die *Wulf-Isebrand-Straße* und nochmals rechts in die Straße *Brutkamp*.

Brutkamp und die Grabkammern im Steinzeitpark

Wanderweg zum Brutkamp und zum Königshügel

Am Parkplatz mit dem Hinweisschild „Langbetten", wenige hundert Meter südlich von Albersdorf beginnt der Wanderweg.

Von dort folgen wir dem *Horstenmoorweg*, gehen am Waldrand entlang und kommen an einer restaurierten Grabkammer mit einem davor liegenden Schalenstein vorüber. Etwas weiter liegen noch zwei Langbetten am Wegrand. Schließlich mündet der *Horstenmoorweg* in den *Bredenhoopweg*, in den wir links einbiegen. Am Steinzeitdorf, hinter dem sich ein weiterer Grabhügel befindet, erreichen wir Albersdorf, folgen weiter

der Straße *Bredenhoop*, die mit einem Links-Rechts-Schwenk in die Straße *Brutkamp* übergeht. Wenige Meter vor der *Wulf-Isebrand-Straße* weist ein Schild geradeaus und rechts zu den Steingräbern. Zum Brutkamp gehen wir noch einige Meter geradeaus und folgen dann der Ausschilderung: „Brutkamp" rechts in den Park.

Zum **Königshügel** biegen wir an dem vorher genannten Schild rechts in die *Johannes-Buhmann-Straße* ein, folgen der Ausschilderung zum Aussichtsturm, biegen am Ende der Straße rechts in Richtung Wald ab und erreichen am Waldsaum den Königshügel mit dem Aussichtsturm.

Langbett im Steinzeitpark

67

Diese geheimnisvollen und monumentalen Großsteingräber scheinen für die Ewigkeit gebaut worden zu sein. Sie dienten den Menschen der „Trichterbecherkultur" nicht nur als Grabstätten und als Orte der Ahnenverehrung, sondern waren auch Opferplätze und wohl teilweise sogar der Himmelsbeobachtung gewidmet (siehe Denghoog Seite 19). Nur an wenigen Plätzen sind diese steinzeitlichen Zeugnisse in so konzentrierter Form erhalten geblieben wie in der Gegend um Albersdorf. Wegen ihrer großen Zahl an vorgeschichtlichen Denkmälern wird diese Gegend auch als „klassische Quadratmeile der Archäologie" bezeichnet.

Die Megalithgräber stammen aus der Zeit um 2500 v. Chr. Die Grabkammer des Großsteingrabes „Brutkamp" wird aus fünf Wandsteinen und einem übergroßen Deckstein gebildet und hat einen Zugang im Südosten. Der Deckstein ist der größte im Lande und wiegt fast 25 Tonnen. Das Grab war ursprünglich von einem runden Erdhügel bedeckt.

Der Überlieferung nach sollen neu vermählte Paare der Göt-

Die Schälchen im Stein vor dem Dolmen im Steinzeitpark lassen sich nur bei tief stehender Sonne gut erkennen

eingearbeiteten Schälchen des Steines besonders gut hervor.

Am Brutkamp angekommen, lehnte ich mich als erstes an die große Linde mit dem dreigeteilten Stamm, die südlich der Steinkammer steht. Dort spürte ich, wie ein warmer Strom meinen Rücken durchströmte, als hätte ich mich an ein großes Wärmekissen gelehnt. Jedesmal war der Anblick der Grabkammer mit seinem mächtigen Deckstein beeindruckend. Ich beachtete auch die umstehenden, teilweise recht bizarr gewachsenen Linden, die diesen Platz umgeben, und spürte allmählich eine tiefe, langsam schwingende Erdenergie und hatte das Gefühl, dass sie in einem Roten S-förmigen Bogen um die Steinkammer aufstieg. Nach einer Weile ging ich dann zur Grabkammer hinüber. Auch rund um das Steingrab spürte ich eine pulsierende, schwach elektrische Energie. Als ich mit einer Hand den mächtigen Deckstein berührte, wurde diese Energie deutlich verstärkt.

tin Freya am Brutkamp Opfergaben gebracht haben.

Zum Besuch des Brutkamps bevorzugte ich den Weg am Steinzeitpark entlang. Dabei zog es mich immer wieder zur ersten restaurierten Grabkammer und dem davor liegenden Schalenstein. An diesem Platz empfand ich jedes Mal eine angenehm warme Energie, die vom Schalenstein ausging. Diese besondere Atmosphäre wurde in den späten Nachmittagsstunden noch durch die tiefstehende Sonne verstärkt. Durch den flachen Einstrahlungswinkel der Sonne treten die

Der Schalenstein von Bunsoh

Anfahrt:

Aus Richtung Süden kommend, die Autobahn A 23 an der Abfahrt Albersdorf verlassen, in Richtung Albersdorf fahren und an der Abzweigung nach Itzehoe links nach Albersdorf abbiegen. Im Ort auf der *Süderstraße* bis zum Kreisverkehr am ZOB fahren. Dort in Richtung Tellingstedt abbiegen und der *Norderstraße* bis etwa 1,5 km hinter dem Ortsschild von Albersdorf folgen.

An der Abzweigung Offenbüttel / Bunsoh vorüberfahren und nach 400 m rechts in Richtung Rendsburg / Wrohm abbiegen. Nach weiteren 200 m rechts zum Parkplatz am Schalenstein einbiegen.

Anschließend dem Grasweg folgen, der nach einer Rechtsbiegung in einen schmalen Hohlweg übergeht.

Der Schalenstein von Bunsoh

Ein Besuch dieses heiligen Ortes lässt sich gut mit einem Rundgang durch den Steinzeitpark von Albersdorf und dem Besuch des Megalithgrabes Brutkamp verbinden, dessen Deckstein mit 25 Tonnen als der größte in Schleswig-Holstein gilt.
(Siehe auch Seite 68)

Der vorgeschichtliche Grabhügel war 1874 angegraben und 1908 weiter untersucht worden. Dabei fanden die Archäologen ein vollständig erhaltenes Großsteingrab aus der Jungsteinzeit (ca. 2500 v. Chr.). Auf acht Trägersteinen, deren Zwischenräume mit Steinplatten abgedichtet waren, liegen drei Decksteine. Der Boden der Kammer war mit kopfgroßen Steinen gepflastert und durch neun senkrecht in den Boden gestellte Steinplatten in vier Bereiche unterteilt. Als Grabbeigaben fanden sich Keramik- und Flintgeräte.

In den westlichen Deckstein sind zahlreiche Schälchen eingearbeitet. Er gilt als einer der interessantesten Schalensteine Europas. Um ein Schälchen liegt ein flach eingeriefter Kreis, außerdem sind ein vierspeichiges Rad, flache Rillen, paarweise angebrachte Handbilder und die Darstellung eines Fußes zu erkennen. Die wissenschaftliche Deutung

Blick auf den westlichen Deckstein der Grabkammer. Er gilt als ei

der Motive ist schwierig, doch versinnbildlichten in vielen indogermanischen Kulturen Hand- und Fußdarstellungen die Gegenwart einer Gottheit. An Megalithgräbern sind oft Findlinge mit künstlich vertieften Schälchen aufgestellt worden, auch auf Decksteinen wie hier in Bunsoh oder auf Wächtersteinen bronzezeitlicher Gräber finden sich solche Vertiefungen. Als gesichert gilt heute die mythologisch-religiöse Bedeutung dieser Schalensteine. Auf eine Verehrung des Sonnenkults deuten die vierspeichigen Sonnenräder

...r interessantesten Schalensteine Europas.

hin, die sich auch in diesem Schalenstein finden. Es wird auch vermutet, dass in die Vertiefungen Honig, Fett oder Asche von verbrannten Opfergaben gelegt wurden. In Skandinavien, wo die Schalensteine als „elfstenar" = Elfensteine bezeichnet werden, legt man gelegentlich noch heute kleine Gaben in die Schälchen und „pustet" Krankheiten hinein. Erinnerungen an die Heilkraft dieser Steine? Der Glaube an eine geheimnisvolle Zauberkraft, die von diesen Steinen ausgeht?

Bei Untersuchungen mit einem Geigerzähler wurden 50
Schalensteine und 50 in der
Nähe aufgestellte Findlinge
untersucht. Dabei stellte sich
heraus, dass 37 Steine eine
deutlich über das normale
Maß hinausgehende Radioaktivität aufwiesen, aber nur vier
der gewöhnlichen Findlinge.

Die Steinkammer mit dem
Schalenstein besuchte ich
einmal im Frühsommer. Es
war ein warmer sonniger Tag.
Vom Parkplatz folgte ich dem
breiten Grasweg, der nach
einer Rechtsbiegung in einen
schmalen, mit Eichen und
Buchen gesäumten Hohlweg
übergeht. Eine leichte Briese

das Gefühl, tiefer in die Erde hinabzusteigen. Und plötzlich befand ich mich vor der beeindruckenden Steinkammer mit dem geheimnisvollen Schalenstein. Eine Weile stand ich fasziniert vor diesem Megalithgrab, nahm die Energie dieses Ortes wahr und spürte, wie diese rund um die Steinkammer an den steilen Erdhängen aufstieg und die Kammer umschloss; etwa dort, wo sich einst der Erdhügel befand. Dieses Energiefeld wurde überstrahlt von einer wesentlich kräftigeren Energiequelle, die vom Schalenstein ausging. Wie ein Kristall in der Sonne empfand ich diesen wunderbaren Stein, dessen Energie ich als weißlich blaue Strahlen wahrnahm. Langsam ging ich auf den Stein zu, betrachtete die Hand- und Fußsymbole, sowie das vierspeichige Rad. Als ich meine Hände in die paarweise eingemeißelten Hände des Schalensteins legte, fühlte ich ein Kribbeln und einen starken warmen Energiestrom durch meine Hände fließen. Es war, als würde durch die Berührung des Steines eine Verbindung zu den Menschen dieses steinzeitlichen Kulturkreises hergestellt.

bewegte die Blätter an den Bäumen, die jedoch in der Windabdeckung des Hohlweges nicht spürbar war. Schließlich war der Weg nur noch einen halben Meter breit und zu beiden Seiten stieg die Böschung recht steil an. Wenige Meter, bevor ich die Grabkammer erreichte, hatte ich

Poppostein, Steinzeitgrab und Taufstein

Anfahrt:

In der Nähe der Schnellstraße zwischen Schleswig und Flensburg befindet sich das Steinkammergrab, das Taufstein oder Poppostein genannt wird. Von Schleswig fährt man auf der Schnellstraße in Richtung Flensburg. Etwa 5 km hinter der Abfahrt Idstedt befindet sich bei Helligbek ein Parkplatz. Von diesem gelangt man auf einem schmalen Fußweg in knapp 10 Min. zum Poppostein.

Alternativ von Schleswig über Idstedt in Richtung Sieverstedt fahren. Beim Hof Helligbek überquert die Straße den Bach Helligbek. 50 m weiter befinden sich Parkmöglichkeiten. Von hier führt ein Fußweg unter der Schnellstraße hindurch zum Poppostein.

Von beiden Ausgangspunkten gehen wir ca. 50 m zum Wasserlauf des Baches Helligbek zurück, biegen links in den Fußweg zum Poppostein ein und gehen am Bach entlang. Nach einer Linksbiegung führt der schmale Weg am Knick zwischen Felder hindurch zum Poppostein.

Poppostein – Steinzeitgrab und Taufstein

Der Poppostein ist ein Steinkammergrab (Dolmen) aus der jüngeren Steinzeit, erbaut zwischen 3000 und 2700 v. Chr. Die gut erhaltene Steinkammer war ursprünglich, wie alle steinzeitlichen Grabkammern, von einem aufgeschütteten Erdhügel überdeckt. Seit 1859 ist die Anlage in Landesbesitz und steht unter Denkmalschutz. Die sechs Grenzsteine tragen noch die Namenszeichen des damaligen Königs Friedrich VII. von Dänemark, der den Poppostein unter Denkmalschutz stellte.

Auf einem heute noch vorhandenen Deckstein sind 17 flache Schalen erkennbar, die vermutlich als Opferschalen dienten. (Zu Schalensteinen siehe auch Seite 73)

Wir wissen nicht, wie diese Opferrituale stattge-

Einer der Grenzsteine mit dem königlichen Wappen

funden haben. Vermutlich wurde in den Schalen Honig, Fett, Asche der verbrannten Opfergaben oder Räucherwerk gelegt, dessen Rauch dann zum Himmel aufstieg und so die angebeteten Gottheiten erreichen sollte.

Der Sage nach soll in der Wikingerzeit Bischof Poppo, der sich stark für die Christia-

Der Sage nach wurde König Blauzahn vor über tausend Jahren hier

nisierung des nördlichen Schleswig-Holsteins einge-setzt hat, hier bekehrte „Hei-den" getauft haben. Auch der dänische König Harald Blau-zahn (gestorben 985) soll hier getauft worden sein. Damit wäre das steinzeitliche Grab eines der ersten Taufstätten im Landesteil Schleswig. Vielleicht waren die Taufzere-monien an diesem steinzeitli-

chen Grab ausschlaggebend für die Entstehung der massi-ven und kunstvoll gefertigten Granit-Taufsteine in den roma-nischen Kirchen Angelns. Ver-mutlich wurde dieser Platz bis zur Zeit von Bischof Poppo noch als vorchristlicher Kult-platz genutzt, denn solche alten Kultplätze zogen mit ihren Energien die Menschen seit jeher besonders an.

von Bischof Poppo getauft

Gelegentlich stand ich an der Westseite des Popposteines, zwischen dem Baum und der Grabkammer. Meine rechte Hand ruhte dann meistens auf dem Deckstein und ich fühlte, wie die Energie aus dem Deckstein und aus der Erde durch meinen Körper floss. Nach wenigen Minuten spürte ich dann, wie die Energie in einer großen Säule rund um die Steinkammer aufstieg, sich über ihr teilte und in elliptischen Bahnen wieder zur Erde zurückfloss. Diese Form der Energiebahnen, die von der Steinkammer ausgingen, erinnerten mich an magnetischen Linien, die ein Stabmagnet erzeugt, den man unter ein Blatt Papier mit Eisenspänen hält.

Ich spürte mich weiter in diesen Energiekreislauf hinein und fühlte, dass auch der Baum neben mir in diesen Kreislauf mit eingebunden war. Ich stand ruhig zwischen der Steinkammer und dem Baum, als würde ich zwischen zwei guten alten Freunden stehen, und beobachtete den Energiestrom, ohne etwas zu beurteilen. Nichts an diesem Kreislauf war „richtig" oder „falsch". Er „war" einfach nur. Er floss so, wie er wahrscheinlich schon seit Jahrtausenden geflossen ist.

Nach einer Weile ging ich zu einem der Grenzsteine mit den eingemeißelten Königskronen hinüber und schaute vom Rand der eingefassten Anlage über die weiten Felder, beobachtete den Zug der Wolken und ließ die Energie dieses Platzes noch auf mich wirken, bevor ich mich von diesem Kraftort verabschiedete.

Räuberhöhle im Idstedter Holz

Anfahrt:

Von Schleswig oder der B 201 kommend, Richtung Idstedt fahren. Etwa 2 km hinter Ruhe-krug am Waldrand rechts zum Parkplatz einbiegen. Hier führt der Ochsenweg und der Rad-wanderweg Nr. 40 vorbei.

Vom Parkplatz biegen wir in den Waldweg (Schranke) ein. Den rechts abzweigenden Weg beachten wir nicht und gehen auf dem leicht ansteigenden Weg geradeaus durch den Wald. Der Weg läuft immer par-allel zur Straße. Nach wenigen Minuten stehen wir vor dem Eingang der Räuberhöhle.

Gegenüber der Straße führt die historische Trasse des Ochsenweges streckenweise als Hohlweg auf dem Geest-rücken nach Seeberg.

Die Räuberhöhle im Idstedter Holz

Die Räuberhöhle liegt direkt an der alten Trassenführung des historischen Ochsenweges. Dieser Handelsweg auf dem Geestrücken wurde mindestens seit der Bronzezeit genutzt, das belegen schon die vielen Hügelgräber am Wegrand. Doch wahrscheinlich war dieser Handelsweg schon viel früher von Bedeutung. Seit dem 14. Jh. wurden auf diesem Weg Ochsen aus Jütland nach Süden getrieben. Ob die Grabkammer wirklich Wegelagerern oder ihrer Beute als Versteck diente oder ob phantasievolle Geschichten zu diesem Namen führten, ist nicht bekannt.

Das Großsteingrab Idstädter Räuberhöhle ist ein Ganggrab aus der jüngeren Steinzeit. Es wurde etwa zwischen 2900 und 2600 vor Christi erbaut. Die Räuberhöhle ist eines der wenigen, in seiner ursprünglichen Form erhaltenen Großsteingräber in Schleswig-Holstein, die noch mit einem Erdhügel bedeckt sind. Die Steinkammer besteht aus insgesamt 9 Trag- und 3 Decksteinen, die einen Innenraum von

4,3 m Länge, 1,8 m Breite und 1,5 m Höhe umschließen. Die Zwischenräume der Findlinge sind sorgfältig mit Trockenmauerwerk ausgefüllt. Der Hünenmantel besteht aus kleinen Steinen, auf die dann die Erdschicht aufgebracht wurde. Vom Gang sind nur noch 4 Steine erhalten. Inwieweit der nach Süden ausgerichtete Gang auch zur Sonnenbeobachtung wie etwa beim Denghoog auf Sylt genutzt werden konnte, lässt sich auf Grund der fehlenden Steine nicht nachprüfen.

Schon der Weg zur Räuberhöhle durch den Laubwald der Moränenlandschaft hat etwas Geheimnisvolles. Unvermittelt

Der Eingang zur Räuberhöhle

Grabkammer. Ich lauschte auf die Geräusche des Waldes, hörte den Wind in den Bäumen, das Gezwitscher der Vögel und fühlte mich, so von der Sonne gewärmt, recht wohl. Zu meiner Enttäuschung spürte ich nur einen sehr schwachen Energiestrom in der ovalen Grabkammer. Ich hatte das Gefühl, die Energie floss um die Steinkammer herum. Beim Verlassen der Grabkammer berührte ich mit beiden Händen die Decksteine. Sofort floss ein starker, pulsierender Energiestrom durch meine Hände. Daraufhin stieg ich auf den Grabhügel und lehnte mich mit dem Rücken an den Baum, der direkt über der Grabkammer steht. Hier spürte ich, wie eine pulsierende Energie durch mich hindurchfloss, wie die Energie aus dem Boden aufstieg, über die Wurzeln des Baumes um die Grabkammer herum geleitet wurde, über Wurzeln und Decksteine die Erdoberfläche erreichte und über den Baumstamm weiter nach oben floss. Mit jedem Atemzug fühlte ich mich mehr mit Erde und Universum verbunden und spürte wie alles mit einander verbunden ist.

steht man vor der Steinkammer, hinter der es steil bergab geht. Bei meinem ersten Besuch der Räuberhöhle, es war ein sonniger Frühlingstag, setzte ich mich gegenüber vom Eingang in die Steinkammer und lehnte mich an einen Trägerstein. Die recht tief stehende Sonne schien durch die noch kahlen Bäume in die

Steinkammern am Rand der Feenwiese

● Grabanlage aus der
Stein- oder Bronzezeit

Auf dem archäologischen Wanderweg zur Feenwiese

Anfahrt:
Von Flensburg oder Kappeln kommend, die B 199 (Nord-straße) an der Abzweigung nach Glücksburg verlassen und der Ausschilderung nach Glücksburg folgen. Im Ort weiter Richtung Holnis bis zum Parkplatz im Staatsforst Friedeholz vor Bockholm fahren. (Schild: Steingräber) Dort beginnt der Wanderweg zur Feenwiese.

Der archäologische Wanderweg zur Feenwiese
Vom Parkplatz im Friedeholz gehen wir auf dem breiten Forstweg in den Wald. Hinter der Schranke befindet sich auf der rechten Seite das erste

Hügelgrab (Nr. 7). In den ersten breiten Forstweg biegen wir links nach Glücksburg ein und gehen an der nächsten Abzweigung geradeaus. Der Forstweg verläuft an einem Moränenhang entlang. Nach 10 Min. kommen wir an dem Findling mit der Aufschrift „Windelberg" vorüber, halten uns an der folgenden Abzweigung rechts und gehen auf dem kurvenreichen Weg den Moränenabhang hinunter.

Nach weiteren 5 Min. liegt rechts ein weiteres Hügelgrab (Nr. 2). Der Weg windet sich weiter bergab bis zum Fuß des Moränenhügels. In der Senke, am Rande des Moores, befindet sich die Stein-

Steinkammer Nr. 3 am Rand der Feenwiese

kammer (Nr. 3). Nachdem wir auf dem weiteren Weg einen Wassergraben überquert haben, steigt der Weg etwas an, und wir erreichen die nächste Steinkammer (Nr. 4). Schließlich mündet der Weg in einen breiteren Querweg. Wir biegen links ab und gehen durch einen Mischwald, an einem Feld vorüber und finden vor einem alten auffällig gewachsenen Baum auf einem Findling den Namen für dieses Feuchtgebiet: „Feenwiese". Hier empfehle ich eine Pause einzulegen und die Energie dieses Platzes auf sich wirken zu lassen.

Gegenüber führt ein schmaler Pfad zur nächsten Steinkammer (Nr. 5). Wenn auch nur noch zwei Steine an die Grabkammer erinnern, so ist doch seine Lage, dicht an einem Steilhang, ungewöhnlich. Wir gehen auf dem Hauptweg einige Minuten weiter, bis wir links in den Waldlehrpfad einbiegen. Auf diesem Stück ist die Moränenlandschaft besonders ausgeprägt. Hier haben die Eismassen der letzten Eiszeit vor über 12.000 Jahren ganze Arbeit geleistet und die Oberfläche stark geformt. Am „Langbett (Nr. 1)" biegen wir links ab und folgen dem breiten Weg, kommen nach einigen Minuten an dem Weg vorbei, an dem wir auf dem Hinweg abgebogen sind, gehen geradeaus weiter und biegen am Ende des Weges rechts zum Parkplatz ab.

Eine ausführliche Informationsbroschüre über den Wanderweg hält die Gästebetreuung im Kurgebiet Glücksburg bereit.

Grabstätten der Stein- und Bronzezeit am Rand der Feenwiese

Über 100 Grabstellen aus der vor- und frühgeschichtlichen Zeit sind im Gebiet um Glücksburg bekannt. Es sind die einzigen Zeugen aus der frühen Besiedelung dieses Gebietes und stammen aus der Jungsteinzeit (um 2500 v. Chr.) und aus der Bronzezeit (ab etwa 1700 v. Chr.). 55 dieser Stein- und Hügelgräber liegen in den Wäldern um Glücksburg und sind noch soweit erhalten, dass sie den Archäologen wertvolle Informationen über ihre Erbauer geben können. Der Innenraum der Grabkammern wurde mit runden Steinen und einer Schicht aus gebranntem Flint sorgfältig ausgestattet. Die Erbauer dieser Grabstellen verwendeten graues bzw. graublaues Flintgestein, weil dieses nach dem Brennen weiß wurde. Durch diese

95

weiße Färbung lassen sich noch die Plätze ehemaliger Grabstellen erkennen, die auf landwirtschaftlich genutzten Flächen liegen und im Laufe der Zeit glattgepflügt wurden. Der archäologische Wanderweg führt im Staatsforst Friedeholz um die „Feenwiese" herum. Hierbei handelt es sich um ein Sumpfgebiet, das in einer Moränensenke liegt und das von zahlreichen Grabanlagen aus der Stein- und Bronzezeit gesäumt wird. Der Wald in dieser ausgeprägten Endmoränenlandschaft mit ihren Feuchtgebieten und steil ansteigenden Hügeln wird von Einheimischen auch Zauberwald genannt.

Die Steinkammern rund um das Moorgebiet der Feenwiese deuten auf einen Moor-Opferplatz hin. In welchen vor- oder frühgeschichtlichen Zeitabschnitten dieser Platz eine mythisch-religiöse Bedeutung hatte, ist nicht sicher. Es ist aber nicht unwahrscheinlich, dass hier bis zur Einführung des Christentums germanische Gottheiten verehrt wurden.

Der Wald rund um die Feenwiese strahlt zu jeder Jahreszeit einen eigenartigen Zauber aus. Einmal ging ich im zeitigen Frühjahr durch den Wald. Die Bäume waren noch kahl und die feuchten Äste

Blick über die Feenwiese

hügeln empfand ich die Energien nicht besonders stark, aber recht unterschiedlich. So spürte ich bei dem Grabhügel Nr. 2 eine angenehm warme Energie, bei dem Steinkammergrab Nr. 3 eine pulsierende, aber abweisende Energie, und bei der Grabkammer Nr. 4 konnte ich gar keinen Energiefluss wahrnehmen. Nun saß ich hier neben dem alten würdevollen Baum am Rand des Moorgebietes, schaute über die glitzernde Fläche vor mir und hörte den vielstimmigen Gesang der Vögel. Schon bald spürte ich einen kräftigen, pulsierenden Energiestrom durch meinen Körper fließen. Ich nahm wahr, wie sich eine mächtige Energiespirale, in dessen Zentrum der alte Baum stand, in die Höhe schraubte. Diese Energiespirale strahlte eine warme, angenehme Geborgenheit aus, die zum Opferplatz einer Fruchtbarkeits- oder Erdgöttin passen würde. Ich saß noch eine ganze Weile an diesem Ort, bis ich mich schließlich erhob, mich von diesem Platz und dem alten Baum verabschiedete und meinen Weg fortsetzte.

glänzten silbrig, als hätten die Feen eigenhändig alle Äste mit Silberfäden umsponnen. Ich folgte dem Weg durch den Wald, verweilte bei einigen Grabkammern und versuchte herauszufinden, welche Energie an den einzelnen Steinkammern und Grabhügeln floss. Schließlich gelangte ich zum Stein mit der Aufschrift „Feenwiese". Hier verließ ich den Weg, ging zu dem seltsam gewachsenen Baum am Rand des Moores hinunter und setzte mich in seiner Nähe auf den Boden. Ich war mir sicher: Hier muss irgendwo der antike Opferplatz gewesen sein. Bei den einzelnen Steinkammern und Grab-

Anfahrt:

Aus Richtung Flensburg oder Kappeln auf der B 199 (Nordstraße) bis Steinbergkirche fahren. Die Kirche mit der 500-jährigen Linde befindet sich mitten im Ort, direkt an der Bundesstraße.

Zur Quelle biegt man an der Kirche in Richtung Norgaardholz ab. Nach 3,5 km links weiter, Richtung Habernis. Vom Waldrand (mit Parkmöglichkeit) erreicht man in ca. 10 Min. die Quelle.

Ich empfehle jedoch, weiter über Habernis bis zum Strandparkplatz zwischen Habernis und Neukirchen zu fahren. Von dort führt ein Wanderweg streckenweise auf Holzbohlen durch das Moor zur Quelle.

100

800-jährige Kirche, 500-jährige Linde und die stärkste Quelle in Angeln

Ein Besuch dieses heiligen Ortes mit der Feldsteinkirche und der 500-jährigen Linde lässt sich gut mit einem Besuch der Quelle im Habernisser Moor verbinden.

Die 500-jährige Linde
Wenn man den Kirchhof in Steinbergkirche von der Ost-

seite her betritt, fällt die 500-jährige Linde rechts am Weg kaum auf. Erst wenn man um den Baum herumgeht, steht man plötzlich vor einem mächtigen Stamm, der innen hohl ist. Die alte Linde ist heute eines von einhundert Naturdenkmälern in Schleswig-Holstein. Urkundlich belegt ist,

dass sich die Männer der Gegend seit 1584 unter dieser Linde zum „Thing" versammelten. Doch hatte dieser Platz sicher schon in vorchristlicher Zeit eine besondere Bedeutung.

Durch einen Blitzschlag wurde der Stamm der alten Linde gespalten und hat in den Jahrhunderten einen Umfang von über neun Metern erreicht. 1995 mussten die Äste wieder einmal gekappt werden, damit der Stamm unter der Last der Baumkrone nicht zusammenbricht.

Als ich das erste Mal vor diesem einzigartigen Baum stand, konnte ich mir die Geschwüre am Stamm nicht erklären, weil sie überhaupt nicht zur Energie dieses Ortes passen wollten. Erst als ich von dem Blitzschlag erfuhr, begriff ich, dass diese Geschwüre nicht durch den Standort, sondern durch die Verbrennungen hervorgerufen wurden.

Gerne stand ich vor dem offenen Stamm und schaute zur Krone des Baumes hinauf, sah die Sonnenstrahlen, die wie kleine Funkensterne durch die Blätter sprangen und bewunderte den mächtigen Stamm dieses zauberhaften Baumes. Eine kräftige Energie strömte an diesem Ort durch meine Füße, durchströmte meinen ganzen Körper mit einer angenehmen Wärme. Ich spürte, wie die Energie durch den Stamm der alten Linde und durch meinen Körper hindurchfloss. Die Energie strömte weit über seine gestutzten Äste hinaus und es schien, als bildete die aufsteigende Energie dort eine neue Baumkrone, wo die ungestutzten Äste des Baumes sein müssten. Ich fühlte mich eng mit dem Baum verbunden, so als wäre er ein guter, alter Freund. Ich stand meistens lange bei diesem faszinierenden Baum und fühlte die durch mich strömende Energie, bis ich mich von meinem Freund, dem Baum, verabschiede, aber nicht ohne bei ihm nach einem Besuch der Kirche noch einmal vorbeizuschauen.

St. Martin zu Steinbergkirche

Die wechselvolle Geschichte des sakralen Bauwerks ist an den Außenwänden abzulesen. Feldstein, Backsteinmauerwerk, zugemauerte Fenster und Portale erzählen von den zahlreichen Um- und Anbauten. Der Kastenchor und die Osthälfte des Kirchenschiffes

Heiligenfiguren im Seitenflügel des Altars

stammen aus dem ausgehenden 12. Jh. Etwa hundert Jahre später verlängerte man das Kirchenschiff nach Westen. Mitte des 18. Jh. erfolgte eine weitere Verlängerung des Kirchenschiffes und der Bau des Turmes mit seiner barocken Turmhaube. Die einfache Kalksteintaufe aus dem 13. Jahrhundert stammt aus Gotland und ist das älteste Kunstwerk der Kirche. Von besonderer Schönheit ist der dreiflügelige Altar von 1480, der fast die gesamte Breite

An den Außenmauern ist die Geschichte der Kirche erkennbar

des Chores einnimmt. Im Mittelschrein drängen sich 80 individuell geschnitzte Figuren und in den beiden Seitenflügeln stehen die zwölf Apostel. Neben dem Altar ist das Steinepitaph für Johann Petersen aus Norgaard und seiner Frau wie eine Grabplatte angebracht.

Sehenswert ist auch die mit Schnitzereien reich verzierte Kanzel, ein Meisterwerk des frühen Knorpelbarocks von 1640, und das Votivschiff.

An diesem Ort war ich immer wieder von den unterschiedlichen Energiefeldern der Erde fasziniert, die ich hier in ganz geringem Abstand deutlich spürte. Beim Bau der Kirche im 12. Jh. hat man sicher diese Energiefelder berücksichtigt, denn die ursprüngliche Kirche bestand ja nur aus der östlichen Hälfte des Kirchenschiffes und dem östlich anschließenden Chor. Auch die ursprünglichen Portale, die in den Außenmauern zu erkennen sind, liegen auf einer energetischen Kraftlinie. Bei den Erweiterungen der Kirche nach Westen kam der Bau immer dichter an die energetischen Störfelder heran, und durch das Verlegen der Portale und den Bau des Vorhauses führte nun der Zugang zur Kirche (vermutlich unbeabsichtigt) über dieses energetische Störfeld.

Links neben dem Eingang der Kirche steht ein Baum mit vollkommen verdrehten und wieder zusammengewachsenen Ästen. Als ich die Kirche das erste Mal besuchte, hatte ich den Baum nicht weiter beachtet, wunderte mich nur, dass ich mich im Vorraum nicht sehr wohl fühlte. In der Kirche empfand ich am Altar und besonders zwischen Altar und Steinepitaph die stärkste Energie. Neben dem Taufstein spürte ich ebenfalls eine starke, wenn auch nicht ganz so angenehme Energie. Dagegen nahm die Energie im Kirchenschiff nach Westen hin schnell ab und war in Höhe des Eingangs kaum noch spürbar.

Mein liebster Platz in der Kirche war zwischen Altar und Steinepitaph. Dort wurde mein ganzer Körper von einer pulsierenden Energie durchströmt und nach einer Weile konnte ich eine goldfarbene Energiespirale wahrnehmen, die sich im Chor drehend vom Fußboden bis zum Deckengewölbe ausbreitete. Dagegen empfand ich die Energie am Taufstein etwas bedrückender. Dort spürte ich die Energie als pulsierenden Druck in der Brust und Magengegend.

Die Quelle im Habernisser Moor (Text ab Seite 106)

Die Quelle im Habernisser Moor ist die stärkste natürliche Quelle de...

Die Quelle im Habernisser Moor

Die Quelle ist als Naturdenkmal geschützt und gilt als stärkste natürliche Quelle in Angeln.

Sie liefert bis zu 600 Liter Wasser in der Minute, welches schwach eisen- und schwefelhaltig ist. Durch ein Rohr fließt das Wasser in die Habernisser Au, die am Strandparkplatz in die Flensburger Förde mündet.

Wie bei den Kelten galten auch bei den Germanen Quellen als heilige Orte. Sie glaubten, dass aus der Quelle neben gutem Trinkwasser auch besondere Energien aus der Tiefe der Erde aufsteigen konnten. Inwieweit diese Quelle als Kultplatz genutzt wurde ist nicht überliefert, es ist jedoch anzunehmen, dass unseren Vorfahren die stärkste Quelle dieser Gegend nicht unbekannt war.

Landschaft Angeln

gelangt man nach ca. 45 Min. zur Quelle.

An einem sonnigen, aber windigen Frühlingstag saß ich mal wieder auf der kleinen Holzbank neben der Quelle. Kleine weiße Wolken spiegelten sich im Wasser. Gelegentlich kräuselte der Wind die Wasseroberfläche und löschte das Spiegelbild der Wolken.

Die Melodie dieses Ortes war das Rauschen des Windes in den Bäumen, das Zwitschern der Vögel und das Gurgeln des Wassers.

Ich sah, wie das aufsteigende Quellwasser den Sand aufwirbelte und spürte die aufsteigende Energie aus der Quelle. Ich spürte, wie die Energie in einem weiten abgeflachten Bogen bis zum gegenüberliegenden Ende der Weide floß und wie diese Energie auch mich umströmte. Es war eine frische und belebende Energie, die mich an diesem Platz umgab. Anders als auf den meisten Kraftplätzen strömte die Energie aber nicht durch meinen Körper, sondern floss um mich herum, so als wollte sie mich schützen.

Ich atmete ruhig und tief, spürte die Energie, die wie aus einem Springbrunnen aufstieg, und fühlte mich sicher und geborgen.

Mehrmals besuchte ich die Quelle, und ebenso wie bei der alten Linde in Steinbergkirche kam es mir jedes Mal so vor, als besuchte ich einen guten Freund.

Schon der Weg vom Strandparkplatz bei Habernis, der teilweise auf Holzbohlen durch das Moor führt, ist in jeder Jahreszeit ein besonderes Erlebnis. Durch dichte Schilfflächen, Feuchtwälder, Sumpfgebiete und Wiesen

Zwei Raben bestimmten den Bauplatz der Kirche

Arrild

Saustrup

Scheggerott

B 199

Kappeln

Wagersrott

Norderbrarup

Dollrottholz

Rabenkirchen

B 201

Dollrott

Süderbrarup

Dollrottwatt

Faulück

Arnis

Krieseby

Ekenis

Guderott

Karschau

Schlei

Lindaunis

Eisenbahnklappbrücke

Anfahrt.

Auf der B 201 von Kappeln
5 km in Richtung Schleswig
fahren. An beiden Abfahrten
nach Arnis vorbeifahren, die
Bahngleise der Museums-
bahn überqueren und etwa
100 m hinter einem Landgast-
hof rechts in den Sandweg zur
Kirche von Rabenkirchen einbiegen. Diesem bis zum Kirchhof folgen.

Auf der linken Seite befindet sich die Loge der Gutsbesitzer

Raben bestimmten den Bauplatz

Die Kirche geht auf einen romanischen Feldsteinbau des 12. Jh. zurück. Doch von dem ursprünglichen Bau ist kaum etwas erhalten. Im 15. Jh. wurde der romanische Chor abgebrochen und durch einen größeren spätgotischen Bau aus Feld- und Backsteinen ersetzt. Gegen Ende des 15. Jh. erhielt die Kirche als erste in Angeln ihren Turm aus Stein, der im 17. Jh. an der Westseite mit Granitplatten verkleidet wurde. Zwischen 1882 und 1912 erfolgten weitere Veränderungen und Restaurierungen.

Sehenswert sind die Wandmalereien aus dem 17. Jh. im Erdgeschoss des Turmes. Die Orgel über dem Altar gilt als die älteste in Angeln. Sie wurde 1999 originalgetreu erneuert. Gegenüber der Kanzel befindet sich die Loge der adligen Gutsbesitzer von Gut Dollrott. Zur Loge gelangt man über eine Außentreppe an der Nordwand.

Die Kirche liegt abseits des Ortes Rabenkirchen auf einer kleinen Erhebung. Der schönste Weg führt vom 300 m westlich gelegenen Pastorat auf dem alten grasbewachsenen und von Knicks gesäumten Weg zur Kirche. Nach einer Sage sollen sich zwei

111

Wandmalereien aus dem 17. Jh. im Erdgeschoss des Turmes

Raben als Himmelsboten auf dem weit vom Dorf entfernten Hügel niedergelassen und so den Bauplatz der Kirche bestimmt haben. Doch wie bei fast allen Kirchen des 12. und 13. Jh. existierte sicher auch hier ein vorchristlicher Kultplatz, und wer einmal die Energie dieses Ortes gespürt hat, für den besteht kein Zweifel, warum die Kirche ausgerechnet an diesem Ort gebaut wurde. Auch wenn die Kirche in ihrem bunten Gemisch von Baumaterialien und Stilformen sowie dem renovierungsbedürftigen Turm von außen keinen besonders ansprechenden Eindruck macht, ändert sich dieser beim Betreten des Gotteshauses. Besonders die

112

Wandmalereien im Erdge-
schoss des Turmes tragen viel
zur besonderen Atmosphäre
der Kirche bei.

Dieser Platz gehört zu den
ganz wenigen, wo ich ein sehr
großes und fast gleichmäßi-
ges Kraftfeld wahrnehmen
konnte. Schon etliche Meter
vor dem Eingang der Kirche
spürte ich deutlich die Energie
dieses Platzes, und beim
Rundgang um die Kirche war
die Energie ebenfalls überall
spürbar. Ich empfand in der
gesamten Kirche und in einem
Umkreis von bis zu 20 m eine
angenehm, leicht pulsierende,
warme Energie, die meinen
gesamten Körper durchströmte. Zwischen Kanzel und Taufbecken nahm ich diese Energie nur geringfügig stärker
wahr. In der Kirche zog es
mich aber meistens in den
Turmraum mit den stellenwei-
se schon stark beschädigten
Wandmalereien. Dieser Raum
ist durch einen weiten Spitz-
bogen mit dem Kirchenschiff
verbunden. Während ich die
Wandmalereien auf mich wirken ließ, spürte ich, wie sich
eine mächtige Energiesäule
ganz langsam drehte. Diese
füllte den gesamten Kirchenraum aus und ging noch weit
darüber hinaus. Oft setzte ich
mich in eine der Bankreihen
und ließ den Kirchenraum und
die Energie dieses besonderen Ortes auf mich wirken. Um
die Energie noch etwas nach-
klingen zu lassen, ging ich
anschließend noch auf dem
alten, knickgesäumten Kirchenweg bis zum reetgedeck-
ten Pastorat.

113

Opferplatz und vorchristlicher Wallfahrtsort

Anfahrt:

Von Schleswig auf der B 201 Richtung Kappeln fahren. In Süderbrarup gleich hinter den Bahngleisen links nach Norderbrarup abbiegen, am Bahnhof vorüber bis fast zum Ortsausgang fahren. Kurz bevor man die Bahngleise quert, liegt rechts das Thorsbergmoor und links der Grabhügel Kummerhy.

Zur heiligen Quelle, die jedoch seit einigen Jahren versiegt ist, biegt man vor den Bahnschienen in die Straße *Am Thorsberg* ein, an deren Ende links in die *Bachstraße* und nochmals links in die *Quellenstraße*. Am Freibad, gegenüber von Haus Nr. 29, befindet sich die eingefasste Quelle.

Opferplatz und vorchristlicher Wallfahrtsort

Vor knapp 2000 Jahren war das Thorsbergmoor der größte und bedeutendste Opferplatz dieser Gegend und das zentrale Heiligtum der Angeln. Zu dem Opferplatz gehörte auch die heilige Quelle knapp

einen Kilometer östlich des Thorsbergmoores. Der Quelle wurden heilende Kräfte zugesprochen. Warum ausgerechnet dieser Quelle? Bei Untersuchungen des Wassers stellte man eine schwache Radio-

116

aktivität fest, die in einer entsprechenden Dosis heilend wirken konnte.

Zu diesem Zentralheiligtum fanden vor der Christianisierung Angelns zur Sommersonnenwende Wallfahrten statt, zu denen die Menschen von weither kamen. Der noch heute stattfindende größte ländliche Markt Schleswig-Holsteins in Süderbrarup soll auf diese Wallfahrten zurückgehen. Auch die Kirche in Süderbrarup ist dem heiligen Jacobus, Schutzpatron der Wallfahrer, geweiht.

Am Thorsbergmoor wurde der germanische Gott Thor verehrt, die Opfergaben für einen der wichtigsten germanischen Gottheiten wurden im Moor versenkt, so zahlreiche Tongefäße mit Beigaben. Die meisten wurden im Zeitraum von etwa 100 v. Chr. bis 400 n. Chr. im Moor versenkt, ab dem 2. nachchristlichen Jahrhundert dann zahlreiche Waffen, persönliche Ausrüstung und Ausstattung von Kriegern, vermutlich die Ausrüstung eines besiegten Heeres. Bei den Ausgrabungen ab 1860 fanden Archäologen eine einzigartige silberne Gesichtsmaske, zwei vergoldete Zierscheiben, Kleidungsstücke und Münzen, im Moor.

Heilige Quelle

Wasser hält die noch verbliebenen Funde unter Luftabschluss

Die Fundstücke befinden sich heute im Archäologischen Landesmuseum auf Schloss Gottorf in Schleswig und im Nationalmuseum Kopenhagen. Um verbliebene Opfergaben vor der Zerstörung durch Luftberührung zu schützen, wurde das Moor nach den letzten Ausgrabungen als flacher See angelegt.

Kummerhy
Grabhügel der Bronzezeit

Kummerhy ist ein ausgegrabener Grabhügel der späten Bronzezeit von etwa 650-500 v. Chr. Im Zentrum fand man in einer kleinen Steinkiste die verbrannten Reste eines Toten. Außerhalb des Steinkreises steht ein etwa zwei Meter hoher Wächterstein mit mehr als 45 Schälchen, die mit Räucherwerk oder der Asche verbrannter Opfergaben gefüllt wurden. Über tausend Jahre später, vermutlich erst zur Wikingerzeit (9. –10. Jh. n. Chr.) wurde ein weiterer Toter unverbrannt auf dem Hügel bestattet. Aus dieser Zeit stammt auch der äußere Steinkreis. Über allem wurde anschließend ein neuer Erdhügel von 15 m Durchmesser aufgeschüttet.

Eine Ausgrabung fand 1861 statt, und 1927 wurde die

Der Wächterstein von Kummerhy

Grabanlage durch den Bürgerverein Süderbrarup freigelegt.

Für einen Besuch dieser beiden Orte empfehle ich als erstes einen Rundgang (ca. 15 Min.) um das Thorsbergmoor und anschließend den Besuch des Grabhügels und der Quelle.

Beim Rundgang um den See des Thorsbergmoores treffen wir an der Weggabelung neben dem Parkplatz auf einen auffälligen Baum mit gedrehtem Stamm. Seine Äste dreht er vom See weg. Trotz der landschaftlichen Schönheit wirkt der See geheimnisvoll dunkel und bedrückend. Vielleicht versuchen Sie einmal, die Energie dieses Platzes zu spüren und diese anschließend mit dem Platz auf dem bronzezeitlichen Hügel Kummerhy zu vergleichen.

Durch den moorigen Untergrund des Sees erscheint das Wasser fast schwarz. Doch die Wasserfarbe allein scheint nicht diese bedrückende Stimmung auszulösen. Bei meinen Rundgängen um das Moor spürte ich jedesmal, wie sich über der Wasseroberfläche des Sees ein dunkler Energiestrudel drehte und Energien in sich aufsaugte.

Östlich vom Thorsbergmoor befindet sich die heilige Quelle, deren Wasser man heilende Wirkung zusprach. Die muschelartig eingefasste Quelle ist jedoch seit etlichen Jahren versiegt. Somit hat die Quelle auch ihre Energie verloren und von dem alten Kraftort, den die Menschen bei ihren Wallfahrten seit Jahrhunderten aufsuchten, konnte ich keine Energie mehr erspüren.

Im Gegensatz zu anderen Kraftorten beziehen Quellen ihre Energie ausschließlich aus dem fließenden Wasser. Durch den ehemaligen Energieaustausch zwischen Quelle und Moor wurde früher sicher ein Besuch des Thorsbergmoores vollkommen anders empfunden.

Nach dem Rundgang um das Thorsbergmoor erwartet uns der Grabhügel Kummerhy auf der gegenüberliegenden Straßenseite.

Die Energie des Grabhügels wurde abgeschwächt, seit etliche Steine versetzt wurden und nicht mehr auf ihrem ursprünglichen Platz stehen. Trotz alledem empfinde ich auf dem Grabhügel noch eine angenehme und kräftige Energie.

An dieser Anlage stand ich zwischen dem Wächterstein und der Steinreihe außerhalb des Steinkreises. Dabei berührte meine linke Hand den hohen Wächterstein mit den eingearbeiteten Schälchen. Schon nach kurzer Zeit spürte ich, wie eine warme, pulsierende Energie durch meine Füße aufstieg und durch meinen Körper floß. Ich empfand, wie zwischen dem Steinkreis und dem Wall, der die Grabanlage umgibt, die Energie in allen Regenbogenfarben aufstieg und das Grab kuppelartig umschloss. Es war eine angenehme, warme Energie, die meinen Körper durchströmte.

Nach einiger Zeit nahm ich einen weiteren Energiefluss wahr. Ich spürte, wie aus der Mitte des Steinkreises ein kräftiger Energiestrahl aufstieg, die Energiekuppel durchströmte und in einem weiten Bogen zum Thorsbergmoor floss. Dort wurde er von dem fast schwarzen Energiestrudel aufgesogen, der sich über dem See drehte.

Steinzeitliche Kultplätze an der Schlei

Anfahrt:

Von der A7 kommend die Autobahn an der Abfahrt Schleswig/Schuby verlassen. Auf der B 201 Richtung Süderbrarup/Kappeln fahren. An der Abzweigung Taarstedt/Missunde rechts abbiegen und in Richtung Missunde bis Brodersby fahren. Im Ort an der Kreuzung noch 300 m weiter geradeaus bis zur Kirche (Richtung *Missunde Fähre)* fahren.

Der zweite Kultplatz befindet sich auf der gegenüberliegenden Schleiseite, von der Fähre kommend an der zweiten Abfahrt nach Missunde.

Wenige Meter hinter der Abzweigung befindet sich ein Kriegerdenkmal, hinter diesem liegt das Ganggrab aus der jüngeren Steinzeit.

Von diesem Ort bieten sich herrliche Wanderungen durch das größte Waldgebiet an der Schlei an oder eine Radtour entlang des Ornumer Noors bzw. über Weseby am Schleiufer der Großen Breite entlang nach Louisenlund.

Zwei Kultplätze am Handelsweg der Wikinger

In der Nähe von Missunde windet sich die Schlei durch eine ausgeprägte Moränenlandschaft. Je nach Jahreszeit liegen in der hügeligen Landschaft mit ihren tief einschneidenden Nooren leuchtendgelbe Rapsfelder oder goldfarbene Kornfelder in der Sonne. Kontrastreich umrahmen die Felder die tiefblauen verwinkelten Noore, in denen sich der Himmel spiegelt. Auf der Wasseroberfläche zeichnet der Wind seine Muster und kräuselt das Wasser an einigen Stellen. In dieser Gegend befinden sich zwei Kultplätze der Frühgeschichte.

Der erste Kultplatz, der unseren Urahnen schon vor 4500 Jahren heilig war, liegt auf einem Moränenhügel. Von diesem hat man einen zauberhaften Blick über das Brodersbyer Noor, einem Seitenarm der Schlei. Seit dem 12. Jh. steht hier eine romanische Feldsteinkirche, denn wie an vielen anderen Orten entstand auch die Kirche in Brodersby auf einem vorchristlichen Kultplatz, von dem noch heute ein

125

Die Kirche von Brodersby mit dem angebauten Holzturm

Schalenstein an der Nordwand des Kirchenschiffes zeugt.

Hinter der Kirche steht die einst mächtige Buche, die über 300 Jahre alt ist. Dieser Platz mit dem besten Ausblick über das Brodersbyer Noor wurde einst als Thingplatz genutzt.

Der zweite heilige Ort der Frühgeschichte liegt etwa drei Kilometer weiter auf der gegenüberliegenden Schleiseite, die man mit einer Fähre erreicht. Auf einem eiszeitlichen Hügel in der Nähe der schmalsten Stelle der Schlei befindet sich versteckt ein Ganggrab aus der jüngeren Steinzeit (2300 v. Chr.).

Beide Orte sind noch heute von dieser mystischen Energie umgeben, die sie vor Jahrtausenden für die Menschen zu heiligen Orten werden ließ.

*Schalenstein in der
Nordwand der Kirche*

Die Kirche von Brodersby und die 300 jährige Buche

Über den Kirchhof gehen wir den sanft ansteigenden Hügel hinauf zur Kirche. Ein prächtiger Rosenbusch steht am Eingang und scheint zum Besuch der Kirche einzuladen. Der Grundriss der Kirche blieb, bis auf den Anbau des Vorhauses am Nordportal, unverändert. In der Nordwand sind die kleinen romanischen Fenster wieder rekonstruiert worden, während an der Südseite gotische Spitzbogenfenster für Helligkeit im Innern der Kirche sorgen. Der dunkle hölzerne Glockenturm lehnt sich im Westen an das weiß getünchte Kirchenschiff an, ohne es zu überragen, denn zur Zeit des Turmbaues war die Kirche nicht von der Steuer befreit und diese richtete sich nach der Höhe des Kirchturmes.
Aus der Zeit des Kirchenbaues stammt die romanische Granittaufe mit einem umlaufenden Zierband. Dagegen ist das Triumphkreuz (um 1450) an der Südwand das einzige erhaltene Kunstwerk der Kir-

che aus dem Spätmittelalter. Auf der Kanzel von 1728 ist noch die Doppelglas-Sanduhr erhalten, an der die Gemeinde die Dauer der Predigt kontrollieren konnte. Das Glas mit einer Durchlaufzeit von 30 Minuten zeigt die Mindestdauer einer Predigt an normalen Sonntagen an, das Glas mit einer Durchlaufzeit von 60 Minuten, die Mindestdauer einer Predigt an Feiertagen.

Schon beim Betreten der Kirche empfand ich jedesmal eine wohltuende Energie, die mich umgab. Meistens setzte ich mich als Erstes in eine der letzten Bankreihen und ließ die Energie dieses Ortes auf

Taufstein von Brodersby

Unter dieser einst mächtigen Buche traf man sich zum Thing

mich wirken. Die schlichte Kirche mit dem farbenprächtigen Fenster hinter dem Altar verstärkt diese Kräfte noch. Nach einigen Minuten spürte ich, wie mich das Zentrum dieses Kraftortes, auf dem die Granittaufe steht, wie ein Magnet anzog.

Doch beschränkte sich diese Energie keineswegs auf das Kirchengebäude selbst, sondern ging weit darüber hinaus. An der Nord- und Ostseite des Chores spürte ich die Energie ebenfalls besonders stark.

Bei meinen Besuchen dieses heiligen Ortes stand ich manchmal an der Nordostecke der Kirche und schaute zum Noor hinüber. Jedesmal empfand ich, wie ein Teil der pulsierenden Energie, die rund um den Taufstein aufstieg, durch meine Füße floss, weiter durch meinen Körper aufstieg und sich über mir wieder mit der Energiesäule des Taufsteines vereinte. Ich spürte, wie diese Energiesäule sich hoch über dem Taufstein schirmartig ausbreitete, bis sie sich hinter dem Horizont verlor.

Diese sich schirmartig ausbreitende Energie wurde von einer weiteren Energiesäule getragen. Diese umgab die einst mächtige Buche, die auf dem ehemaligen Thingplatz hinter der Kirche steht. Hier verweilte ich gern, genoss den herrlichen Ausblick von der Anhöhe über die hügelige

Moränenlandschaft zum Brodersbyer Noor und spürte, wie die aufsteigende Energie mich durchströmte. Es ist ein wunderschöner Ort, um zu entspannen und sich selbst zu finden.

Viele Völker haben von jeher die Mutter Erde als Göttin der Fruchtbarkeit verehrt und ihr Opfergaben gebracht. An diesem Platz denke ich immer wieder an einen Mythos der Maya-Kultur, in dem es heißt: „Den Samen lege ich in deine Furche, Mama Panscha, lebendiger Stein, gebärender Fels, Gattin der Felder."

Ganggrab der jüngeren Steinzeit auf einem eiszeitlichen Hügel am Fuße der Schlei

Um zum nächsten Kraftort zu gelangen, folgen wir der Straße nach Missunde und erreichen nach gut zwei Kilometern die Schleifähre. An der schmalsten Stelle der Schlei zwängt sich die Förde flussartig zwischen Steilufern hindurch. Eine Seilfähre, die Jahrhunderte mit Muskelkraft bewegt wurde und erst seit 1969 einen Motorantrieb hat,

bringt uns auf das gegenüberliegende Ufer. Wir folgen der Straße geradeaus bis zur zweiten Abfahrt nach Missunde, biegen dort links ein und steigen nach wenigen Metern rechts den Hügel hinauf. Erst hinter dem Kriegerdenkmal entdecken wir auf der Kuppe des Hügels die Grabkammer aus der jüngeren Steinzeit auf einer Rasenfläche.

Das Großsteingrab von Missunde entstand zwischen 2900 und 2600 v. Chr. Die 5,25 m lange Grabkammer bestand einst aus 11 Träger- und 4 Decksteinen. Auf dem fast 7 m langen Zugang lagen einst Decksteine, und die gesamte Anlage war ursprünglich mit einem aufgeschütteten Hügel von etwa 35 m Durchmesser abgedeckt.

Die Ganggräber, die nur wärend einer kurzen Epoche der jüngeren Steinzeit entstanden, dienten nicht nur dem Totenkult, sondern teilweise auch der Himmelsbeobachtung. Was mögen die Erbauer vor über 4000 Jahren in dem einst sieben Meter langen Gang beobachtet haben?

Das Ganggrab liegt auf einem Moränenhügel über der Schlei

Vom Denghoog auf Sylt wissen wir, dass dort der Sonnenstand zur Wintersonnenwende registriert werden konnte. Wegen der fehlenden Steine lässt sich heute nicht mehr feststellen, welche Höhe der Gang an seinem Ausgang hatte, und somit bleibt nur die Richtung des Ganges, die uns einen Anhaltspunkt für das zu beobachtende Himmelsereignis liefern könnte. Da der Gang nach Süden ausgerichtet ist, könnte hier – wie am Denghoog – die Wintersonnenwende beobachtet worden sein.

Dazu dürfte die Moränenkuppe zumindest in südlicher Richtung baumfrei gewesen sein und sicher einen herrlichen Ausblick hinüber zum Schleiufer geboten haben.

Auch wenn heute der Ausblick durch Bäume versperrt ist, strahlt dieser Platz eine tiefe Ruhe und innere Kraft aus.

Bei einem meiner Besuche dieses Platzes lauschte ich auf das Rauschen des Windes in den Bäumen und hörte das Gezwitscher der Vögel. Ein paar Wildgänse flogen in ihrem typischen Flugkeil und mit ihren unverwechselbaren Rufen über mich hinweg.

Ich lehnte mich mit dem Rücken an die Eiche neben der Steinkammer und betrachtete das Ganggrab mit den zwei noch vorhandenen Decksteinen. Besonders der von der Erosion gezeichnete Deckstein machte auf mich einen magischen Eindruck. Schon bald spürte ich, wie die Energie vom Boden durch meinen Körper sowie durch den Baumstamm hinter meinem Rücken hindurchfloss und in einem weiten Bogen das gesamte Ganggrab wie eine Halbkugel umschloss, um auf der gegenüberliegenden Seite der Grabkammer wieder zurück in die Erde zu fließen. Nach einer Weile ging ich zur Grabkammer hinüber und betrat diese durch die Reste des noch vorhandenen Ganges. An der Westseite der Steinkammer setzte ich mich auf den Boden und lehnte meinen Rücken an einen Trägerstein. Eine angenehm warme Energie durchströmte mich und gab mir ein Gefühl von Geborgenheit. Auch von diesem Platz spürte ich die halbkugelförmige Energieglocke über der Grabkammer. Die Energie dieses Ortes ließ ich noch eine Weile auf mich wirken, und ich ging noch einmal zur Eiche hinüber, bevor ich diesen Ort verließ.

Germanische Kultstätte „Rote Maaß"

Anfahrt:

Um zu diesem Platz zu gelangen, muss man eine Strecke über ein Feld gehen, das zum Gut Damp gehört. Es empfiehlt sich daher, diesen Platz zu besuchen, wenn die Felder abgeerntet sind.

Von der B 203 von Eckernförde bzw. Kappeln kommend nach Damp abbiegen. Am Gut Damp vorbeifahren und an der nächsten Abzweigung links in Richtung Schuby abbiegen. An der nächsten Straße rechts einbiegen (Richtung Nieby).

Nach ca. 100 m liegt auf der linken Seite inmitten von Feldern das Waldstück, in dem sich der antike Kultplatz befindet.

Zum Kultplatz geht man am Westrand des Waldstücks entlang, biegt etwa 20 m vor dessen Ende rechts in einen Trampelpfad ein und folgt diesem bis zu einem Entwässerungsgraben. Auf der gegenüberliegenden Seite des Grabens befindet sich der Steinkreis.

Germanische Kultstätte „Rote Maaß" bei Damp

Die germanische Kultstätte in einem Waldstück inmitten weiter Felder wurde erst 1964 entdeckt und wird seit der Freilegung durch Prof. C. Ahrens langsam wieder von Moosen, Farn und Brombeerranken überwuchert.

Der Opferplatz besteht aus einem acht Meter großen Steinkreis, der aus neun Findlingen besteht und mehreren rechteckigen Steinsetzungen. Diese sind nach den vier Himmelsrichtungen ausgerichtet. Prof. C. Ahrens fand bei seinen Ausgrabungen zahlreiche Brandstellen und in der Mitte des Steinkreises ein Gefäß mit einem kopfgroßen Stein. Weitere viereckige Steinsetzungen mit steingefassten Zugängen und Schwellensteinen zum Verschließen der

Bild auf Seite 132/133:
Die Kaleidoskopaufnahme zeigt die mit Moos überwachsenen Steine einer viereckigen Steinsetzung.
Bild unten:
Einer der Findlinge, die den 8 m großen Steinkreis bilden

Eingänge sowie gefundene Holzreste in den Brandschichten deuten auf eine heilige Stätte aus dem 2. bis 4. Jh. nach Chr. hin.

Welchen Kultzwecken diese Anlage diente oder welche germanische Gottheit hier verehrt wurde, bleibt wohl für immer ein Geheimnis.

Ich besuchte diesen versteckten Kultplatz das erste Mal im Spätsommer, überquerte das Stoppelfeld, ging am Waldrand entlang und bog schließlich in einen kaum erkennbaren Trampelpfad in den Wald ein. Nach wenigen Schritten hatte ich in dem lichten Nadelwald eine andere Welt betreten. Noch hatte ich die Kultstätte nicht entdeckt, wußte noch nicht einmal, ob sie sich wirklich hier befand, spürte ich schon einen mystischen Zauber, der von diesem Flecken Erde ausging.

Langsam ging ich weiter wie durch einen Zauberwald. Die Sonne schien durch die Bäume, die Schatten tanzten auf dem Waldboden und in den Baumkronen rauschte der Wind. Ich folgte dem Trampelpfad, überquerte einen ausgetrockneten Graben und

stand staunend vor dem Steinkreis.

Der Kultplatz ist schon wieder teilweise überwuchert, die flachen Steinsetzungen mit einer dicken Moosschicht überzogen. Nur die großen Findlinge des Steinkreises ragen deutlich aus dem Waldboden hervor. Ich ging um den Steinkreis herum und spürte, dass dieser Platz öfter besucht wurde. Auch die Spuren auf dem Waldboden wiesen darauf hin. Um den Steinkreis nahm ich einen starken Energiestrom wahr. Besonders an seiner Ostseite fühlte ich eine pulsierende Energie. Ich hatte das Gefühl, mein Körper stand unter Strom. Einige Zeit stand ich zwischen den Findlingen, spürte die aufsteigende Energie rund um den Steinkreis und die einströmende Energie innerhalb des Kreises. Schließlich trat ich in den Steinkreis hinein. Hier war der Energiestrom jedoch wesentlich schwächer wahrnehmbar. Wer den Waldboden genauer betrachtet, wird auch die vermoosten, viereckigen Steinsetzungen erkennen können, die nach den Himmelsrichtungen ausgerichtet sind.

Langbett an der Eckernförder Bucht

Anfahrt:

Von Eckernförde bzw. Kappeln auf der B 203 bis Loose fahren, ab dort weiter auf der Nebenstraße Richtung Waabs/Ludwigsburg. Nach 3 km trifft man auf die Straße von Eckernförde nach Vogelsang. Diese überquert man und fährt geradeaus weiter Richtung Karlsminde. Nach etwa 200 m liegt das Langbett auf der linken Straßenseite.

Ein Besuch dieser Anlage aus der jüngeren Steinzeit lässt sich gut mit einer eineinhalbstündigen Wanderung verbinden, die am Fördeufer zum Hemmelmarker See führt.

Langbett an der Eckernförder Bucht

Nur wenige hundert Meter vom Ufer der Eckernförder Bucht entfernt, befindet sich die beeindruckende Grabanlage der jüngeren Steinzeit. 1978 wurde das Langbett (Riesenbett) restauriert und es präsentiert sich dem heutigen Besucher mit seinen beachtlichen Ausmaßen. Drei Grabkammern (Dolmen) liegen in dem steingefassten Langbett, das eine Länge von 60 m, eine Breite von 5,5 m und eine Höhe von 2,5 m aufweist. Die Steinumfassung besteht aus Findlingen mit einem Gewicht von 1,5 bis 2,5 Tonnen. Die Zwischenräume der Findlinge sind mit Grasplatten, Lehm und sauber geschichteten flachen Steinen ziegelartig als Trockenmauerwerk zusammengefügt.

Die drei Dolmen dienten als Grabkammern für wiederholte Bestattungen. Den Verstorbenen gab man für ihre Reise ins Totenreich Waffen, Haushaltsgeräte, Schmuck und Tongeschirr mit ins Grab. Urnengräber aus der Eisenzeit, im Hühnenmantel zwischen den Dolmen, belegen die weitere Nutzung der Grabstätte noch Jahrhunderte nach Christi Geburt.

Die beeindruckende Grabanlage hat eine Länge von 60 m

Das Riesenbett steht inmitten weiter Felder und auf der Grabanlage wachsen heute mächtige Bäume. Es ist ein Ort, der die Menschen zum Verweilen einzuladen scheint, denn so oft ich diesen Ort auch aufsuchte, fast immer traf ich Menschen, die hier rasteten.

Ich bevorzuge den Vormittag für einen Besuch der sehr schön restaurierten Anlage. Um diese Zeit beleuchtet die Sonne, wenn sie denn scheint, die Längsseite mit den geöffneten drei Dolmen. Zur Einstimmung dieses Plat-

zes empfehle ich einen Rundgang um die gesamte Anlage. Die sanft hügelige Landschaft, der weite Blick über die Felder, die Blumen am Feldrand, die Energie dieses heiligen Ortes, all diese Eindrücke können eine besondere Stimmung auslösen.

Immer wieder war ich über die Größe der Anlage sowie der einzelnen Granitblöcke erstaunt. Welch ein Glaube und Totenkult mag die Menschen vor 4500 Jahren zu solch einer gewaltigen Leistung angespornt haben? Es ist gut nachvollziehbar, dass

spätere Generationen die Erbauer solcher Monumente für Hühnen gehalten haben, weil sie meinten, kein Mensch könnte solche Steine bewegen.

Als ich meinen Rundgang um das Langbett beendet hatte, ruhte ich eine Weile auf der Bank am westlichen Ende der Anlage. Anschließend stellte oder setzte ich mich in die Nähe der Dolmeneingänge. Ich spürte wie die Energie aus den einzelnen Dolmen aufstieg. Am stärksten empfand ich sie am westlichen Dolmen. Hier konnte ich jedes Mal spüren, wie meine Füße von einer warmen Energie durchströmt wurden und wie diese angenehm pulsierend durch meinen Körper floss. Nach einigen Minuten konnte ich sie als goldgelbe Strahlenbündel wahrnehmen, die von den drei Dolmen aufstiegen.

Bevor ich diesen schönen Ort wieder verließ, verweilte ich noch auf der Bank am westlichen Rand der Anlage und ließ die Energie des gesamten Platzes auf mich wirken.

Register